究極のジャム料理本

自家製ジャム、ゼリー、保存食の 100 のおいしいレシピ。クラシックなフレーバーとユニークな組み合わせに加え、フルーツの選択、準備、保存に関する専門家のヒントも掲載。ギフトやパントリーのストックに最適

舞 田辺

著作権素材 ©2023

全著作権所有

免責事項

この本に含まれる情報は、この本の著者が調査した戦略の包括的なコレクションとして機能することを目的としています。概要、戦略、ヒント、テクニックは著者によって推奨されているだけであり、この本を読んでも、ある人の結果が著者の結果を正確に反映することは保証されません。本書の著者は、本書の読者に最新かつ正確な情報を提供するためにあらゆる合理的な努力を払ってきました。著者およびその関係者は、発見された可能性のある意図しない誤りまたは脱落に対して責任を負いません。本書の内容には、第三者からの情報が含まれる場合があります。第三者の資料には、その所有者によって表明された意見が含まれます。したがって、本書の著者は、第三者の資料や意見に対して一切の責任を負いません。

目次

目次	2
序章	8

セイボリージャム　9

1. アップル＆タイム/セージゼリー	10
2. ミントゼリー	12
3. スイートサイダーゼリー	14
4. ホットグリーンペッパーゼリー	16
5. ニンニクまたはエシャロットのゼリー	18
6. ビーツジャム	20
7. オニオンジャム	22
8. スイートチリジャム	24
9. ペッパージャム	26

缶詰ジャム　28

10. アップルチリジャム	29
11. バルサミコオニオンジャム	31
12. ブルーベリージャム	34
13. ラズベリージャム	36
14. ストロベリーテキーラジャム	38
15. ミントパイナップルジャム	40
16. イチゴとルバーブのジャム	42
17. ネクタリンとサワーチェリーのジャム	45
18. 低糖ストロベリーテキーラアガベジャム	47

19. チョコレートチェリージャム	49
20. オレンジバナナジャム	51
21. アプリコットラベンダージャム	53
22. イチジクと洋ナシのジャム	56
23. イチジクとローズマリーと赤ワインのジャム	58
24. メロンジャム	61
25. ピーチローズマリージャム	63
26. はちみつ梨ジャム	66
27. アップルパイジャム	69
28. ピーチバーボンジャム	72
29. 低糖質ラズベリー「レモネード」ジャム	74
30. トマトとハーブのジャム	76
31. ズッキーニのパンジャム	78
32. ベリーエールジャム	80
33. 低糖アップルチリジャム	82
34. バルサミコ玉ねぎジャム	85
35. ブルーベリーレモンジャム	88
36. リンゴジャム	90
37. イチゴとルバーブのゼリー	92
38. ブルーベリースパイスジャム	94
39. ぶどう梅ゼリー	96
40. 黄金山椒ゼリー	98
41. ピーチパイナップルジャム	100
42. 冷蔵りんごジャム	102

43. 冷蔵庫ぶどうジャム	104
44. 粉末ペクチン入りチェリーゼリー	106
45. 粉末ペクチン入りチェリージャム	108
46. 液体ペクチン入りイチジクジャム	110
47. 粉末ペクチン入りぶどうゼリー	112
48. 液体ペクチン入りミントパイナップルジャム	114
49. 液体ペクチン入りミックスフルーツゼリー	116
50. オレンジゼリー	119
51. スパイスオレンジゼリー	121
52. オレンジジャム	123
53. アプリコットオレンジコンザーブ	125
54. 粉末ペクチン入り桃ジャム	127
55. スパイスブルーベリーピーチジャム	129
56. 液体ペクチン入りパイナップルジャム	131
57. 液体ペクチン入り梅ゼリー	133
58. 粉末ペクチン入りいちごジャム	135
59. トゥッティフルッティジャム	137
60. グレープコンサーブ	139

ペクチンを含まないジャム　　　　　　　　　　141

61. ペクチン無添加のブラックベリーゼリー	142
62. ペクチン無添加のリンゴゼリー	144
63. ペクチン無添加のリンゴジャム	146
64. ペクチン無添加マルメロゼリー	148

フレッシュジャム　　　　　　　　　　　　　　150

- 65. ピンクレモネードアサイージャム　151
- 66. ストロベリーラベンダージャム　153
- 67. スイカズラシロップ　155
- 68. ルバーブとバラとイチゴのジャム　157
- 69. アップルモスシロップ　159
- 70. シーモスアップルソース　162
- 71. アサイーチアジャム　165

冷凍庫の詰まり　167
- 72. ストロベリーフリーザージャム　168
- 73. キウイジャム　170
- 74. ラズベリー/カシスジャム　172

伝統的なジャム　174
- 75. アップル＆ジンジャー　175
- 76. あんずジャム　177
- 77. アップル＆ブラックベリージャム　179
- 78. 黒ぶどうとポートワインのジャム　181
- 79. ブラックベリージャム　183
- 80. カシスジャム　185
- 81. アプリコット＆パイナップルジャム缶　187
- 82. チェリージャム　189
- 83. ダムソン・ジャム　191
- 84. フレッシュイチジクジャム　193
- 85. ジンジャージャム　195
- 86. グーズベリージャム　197

87. キウイジャム	199
88. マロー＆ジンジャージャム	201
89. ミックスフルーツジャム	203
90. ピーチジャム	205
91. 洋梨と生姜のジャム	207
92. パイナップルジャム	209
93. プラムジャム	211
94. マルメロジャム	213
95. ローガンベリーまたはテイベリー・ジャム	215
96. ラズベリージャム	217
97. ルバーブとジンジャーのジャム	219
98. いちごジャム	221
99. いちごジャム(ホール)	223
100. いちごとルバーブのジャム	225

結論   **227**

序章

あなたは自家製のジャムやジャムのファンですか？『究極のジャム クックブック』以外に探す必要はありません。100 種類のおいしいレシピから選べるので、次回のフルーツたっぷりの作品を選ぶのに迷ってしまうでしょう。この包括的なクックブックから期待できることは次のとおりです。

- 幅広いフレーバーの組み合わせ：イチゴやブルーベリーなどの古典的なレシピから、ルバーブとバラ、洋ナシと生姜などのよりユニークなブレンドまで、このクックブックにはあらゆる好みに対応するものが含まれています。100 種類のレシピから選べるので、インスピレーションが尽きることはありません。

- 果物の保存に関する専門家のアドバイス：キッチンの初心者でも、この料理本を読めば簡単にジャム作りを始めることができます。最高の果物の選択、缶詰の準備、ジャムを今後数か月間新鮮に保つための役立つヒントが見つかります。

- ギフトやパントリーのストックに最適：自家製ジャムは、友人や家族への気の利いたギフトになったり、朝のトーストやアフタヌーンティーに甘さを加えるのにも使えます。100 のレシピをすぐに使えるので、必要なときにいつでもおいしいジャムの瓶を手元に置くことができます。

セイボリージャム

1. アップルアンドタイム/セージゼリー

体重：5 ポンド

材料：

- 3 ポンドのブラムリークッキングアップル
- グラニュー糖 3 ポンド
- 水 2 パイント (1130ml)
- タイム/セージ みじん切り 1 オンス (30g)
- 液体ペクチン 1/2 ボトル

手順：

a) リンゴを洗い、小さく切りますが、皮や芯は取りません。

b) 鍋に水とフルーツを入れ、蓋をしてフルーツが溶けるまで煮る

c) 潰せるほど柔らかいです。潰したフルーツをゼリー袋に通して水気を切ります。

d) 大きな鍋に砂糖とジュース 2 パイント（1130ml）を入れ、時々かき混ぜながら砂糖が溶けるまでゆっくり加熱します。

e) すぐに完全に沸騰させ、1 分間急速に沸騰させます。

f) 液体ペクチンを加えてかき混ぜ、時々かき混ぜながらさらに 30 分間煮ます。

g) タイム/セージを加えてかき混ぜます。火から下ろし、必要に応じて上澄みを取り除きます。

h) いつもの方法で鍋と蓋をします。

2. ミントゼリー

作り方: 1.5 ポンド

材料：

- 大きなミントの束
- 砂糖 1 ポンド
- ホワイトビネガー 1/2 パイント
- 緑色の着色
- 液体ペクチン 1 ボトル

手順：

a) ミントをよく洗い、2 つに分けます。

b) 葉を一房から取り、余分な水分を絞って細かく刻みます。鍋に酢と砂糖を入れ、ミントの 2 束目を入れ、砂糖が溶けるまで弱火でかき混ぜます。

c) ミントの束を取り除きます。1 分間沸騰させます。

d) シロップをモスリンで濾し、鍋に戻します。

e) 液体ペクチンを加えてかき混ぜ、沸騰させて 2 分間沸騰させます。刻んだミントと着色料を加えます。

f) ミントが浮かないように少し冷まします。

g) 通常の方法で上澄みを取り、鍋に入れ、蓋をします。

3. スイートサイダーゼリー

体重：5 ポンド

材料：
- スイートアップルサイダー　2 パイント　(1130ml)
- 砂糖　3 1/4 ポンド
- 液体ペクチン　1　ボトル

手順：
a) 大きめの鍋にサイダーと砂糖を入れ、よく混ぜます。

b) 砂糖が溶けるまで時々かき混ぜながら穏やかに加熱します。液体ペクチンを加えます。

c) 完全に沸騰させ、1 分間しっかりと沸騰させます。

d) 通常の方法で上澄みを取り、鍋に入れ、蓋をします。

4. ホットグリーンペッパーゼリー

体重：7 ポンド

材料：

- 大きめのピーマン 3 個 — 種を取り、乱切りにする
- 砂糖 5 ポンド（2.3kg）
- 24 オンス(700ml) サイダービネガー
- 青唐辛子 12 本 — 種は残してヘタを切り落とすだけ
- 2 1/2 オンス（80 ml）の水 液体ペクチン 2 本

手順：

a) 砂糖と液体ペクチンを除くすべての材料を液体化します。

b) 大きな鍋に入れ、砂糖を加えて 8 分間急速に沸騰させます。

c) 火から下ろし、濾し、液体ペクチンと必要に応じて緑色の着色料を数滴加えます。

d) よくかき混ぜて瓶に注ぎ、密封します。

5. ニンニクまたはエシャロットのゼリー

体重：5 ポンド

材料：

- 細かく刻んだニンニクまたはシャロット 85g（3 オンス）
- 砂糖 3 ポンド
- 白ワインビネガー 24 オンス(700ml)
- 16 オンス(450ml)の水 液体ペクチンの 1/2 ボトル

手順：

a) ニンニクまたはエシャロットを酢と混ぜ、蓋をせずに中火で 15 分間静かに煮ます。

b) 火から下ろし、適切なガラス瓶またはキャセロールに注ぎます。蓋をして、室温で 24 〜 36 時間放置します。

c) ワイヤーストレーナーを通して大きな鍋に酢を注ぎ、スプーンの背でニンニクまたはエシャロットを押してできるだけ多くの液体を取得します。その後残留物を廃棄します。

d) 水と砂糖を加えます。

e) 中火にかけて完全に沸騰させます。

f) 液体ペクチンを加えてかき混ぜ、1 分間絶えずかき混ぜながら沸騰させます。

g) 必要に応じて上澄みを取り、鍋に入れて蓋をします。

6. ビーツジャム

体重：4.5 ポンド

材料：
- 生のビーツ 800g（または調理したもの 1 ポンド）
- 砂糖 2¾ポンド（1.3kg）
- ¾パイント (425ml) 酢
- 液体ペクチン 1 ボトル

手順：
a) ビーツが生の場合は、茹でて皮を剥き、細かく刻みます。
b) 大きな鍋に砂糖と酢を計り入れ、準備しておいたビーツを加えます。
c) よく混ぜ、砂糖が溶けるまで時々かき混ぜながらゆっくり加熱します。
d) 完全に沸騰させ、2 分間急速に沸騰させます。
e) 火から下ろし、液体ペクチンを加えてかき混ぜます。
f) 交互にかき混ぜたりすくったりするだけ
g) 5 分間、少し冷まします。いつもの方法で鍋と蓋をします。

7. オニオンジャム

作るもの: 2 ポンドのジャム

材料：

- 玉ねぎ 1 ポンド 3 オンス（600g）
- 砂糖 1 ポンド 9 オンス（700g）
- オリーブオイル 大さじ 1 と 1/2（20ml）
- レッドカラント 20g（7 オンス）
- ワインビネガー 200ml（7 オンス）
- レモン汁 大さじ 2（30ml）
- 液体ペクチン 1/4 ボトル
- スパイス（生姜小さじ 1/4、オールスパイス小さじ 1/4、またはお好みで）

手順：

a) 玉ねぎを小さく切ります。油を熱し、玉ねぎを加えます。蓋をして、玉ねぎが透明になって柔らかくなるまで、焦げ目をつけないようにゆっくりと煮ます（約 15〜20 分）。

b) 赤スグリ、ワインビネガー、レモン汁を加え、沸騰するまで加熱し、蓋をして、赤スグリと玉ねぎが完全に柔らかくなるまで煮ます（20 分または必要に応じて）。

c) 砂糖を加え、沸騰するまで加熱し、6 分間急速に沸騰させます。液体ペクチンの 1/4 ボトルを加え、火から下ろし、冷たいプレート上でサンプルの固まりをテストします。プレート上で数分後にサンプルに明確な皮が現れるまで、必要に応じて 2 〜 3 分間繰り返し煮ます。

d) 数分間冷まし、かき混ぜ、酢に耐える蓋を使用して通常の方法でポットに入れます。

8. スイートチリジャム

作る量：瓶 4 個

材料：

- 8 赤ピーマンは種を取り除き、粗みじん切りにする
- 赤唐辛子 10 本 みじん切り（種も含む）
- 皮をむき、みじん切りにした指大の新生姜
- 1 ポンドのゴールデンシュガー
- 皮をむいたニンニク 8 片
- チェリートマト 790g（1¾ポンド）を半分にし、ヘタを切り取る
- 赤ワインビネガー 250ml
- 液体ペクチン 1 ボトル

手順：

a) 液体ペクチンを除くすべての材料を厚手の鍋に入れます。

b) 沸騰したら火を弱め、50 分間煮ます。火から下ろします。

c) スティックミキサーを使って材料を細かく刻み、再び火にかけ、粘りが出るまで頻繁にかき混ぜながらアクを取り除き、急速に沸騰させます。

d) 液体ペクチンを加えてかき混ぜ、5 分間沸騰させ、5 分間放置します。消毒した瓶に注ぎます。蓋をして暗い食器棚に保管してください。

9. ペッパージャム

作るもの: 3.5 ポンドのジャム

材料：

- 中サイズのピーマン 6〜8 個
- 砂糖 2 ¾ポンド（1.25kg）
- 酢 1/2 パイント (240 ml) 液体ペクチン 1 ボトル

手順：

a) 最高の色を実現するには、緑と赤のピーマンを同量使用します。ピーマンを準備するには、切り開いて種を取り除き、果肉を細かく刻みます。

b) 大きめの保存皿に砂糖と酢を計量して加えます。

c) 準備したピーマン 0.4 kg (14 オンス)。

d) よく混ぜ、強火で完全に沸騰させます。沸騰前と沸騰中は常にかき混ぜてください。

e) 2 分間急速に沸騰させます。火から下ろし、液体ペクチンを加えてかき混ぜます。

f) 5 分間冷ましておきます。必要に応じてスキミングします。

g) いつもの方法で鍋と蓋をします。

缶詰ジャム

10. アップルチリジャム

作る量: 5 (1/2 パイント) 瓶

材料：
- 皮をむいてすりおろす大きめのリンゴ 2 個
- ボトル入りレモン汁 大さじ 3
- リンゴジュース 4 カップ
- 無糖ペクチン 大さじ 3
- 砕いたチリ・デ・アルボル、または砕いた乾燥赤唐辛子 大さじ 1
- 蜂蜜 1/2 カップ

手順：

a) すりおろしたリンゴとレモン汁を 4 クォートのステンレススチールまたはホーローダッチオーブンで混ぜ合わせます。絶えずかき混ぜながら、10 分間、またはリンゴが柔らかくなるまで調理します。

b) リンゴジュース、ペクチン、砕いたチリ・デ・アルボルを加えて混ぜます。絶えずかき混ぜながら、強火で混合物をかき混ぜることができないほど完全に沸騰させます。

c) 蜂蜜を加えます。混合物を完全に沸騰するまで戻します。絶えずかき混ぜながら、1 分間しっかりと沸騰させます。暑さから削除。必要に応じて泡を取り除きます。

d) 温かいジャムをお玉で熱い瓶に注ぎ、ヘッドスペースを 1/4 インチ残します。気泡を取り除きます。瓶の縁を拭きます。瓶の中央の蓋。バンドを装着し、指先で締める程度に調整してください。瓶を沸騰したお湯の缶詰缶に入れます。すべての瓶がいっぱいになるまで繰り返します。

e) 高度を調整しながら、瓶を 10 分間処理します。火を止めてください。蓋を外し、瓶を 5 分間放置します。瓶を取り出して冷まします。

11. バルサミコオニオンジャム

作る量: 5 (1/2 パイント) 瓶

材料：

- 玉ねぎ 2 ポンド（みじん切り）
- バルサミコ酢 1/2 カップ
- メープルシロップ 1/2 カップ
- 挽いた白コショウ 小さじ 2
- 月桂樹の葉 1 枚
- リンゴジュース 2 カップ
- 無糖ペクチン 大さじ 3
- 蜂蜜 1/2 カップ

手順：

a) 最初の6つの材料を6クォートのステンレススチールまたはホーローダッチオーブンで混ぜ合わせます。中火で15分間、または玉ねぎが半透明になるまで、時々かき混ぜながら煮ます。

b) リンゴジュースとペクチンを加えて混ぜます。絶えずかき混ぜながら、強火で混合物をかき混ぜることができないほど完全に沸騰させます。

c) 蜂蜜を加えてかき混ぜて溶かします。混合物を完全に沸騰するまで戻します。絶えずかき混ぜながら、1分間しっかりと沸騰させます。暑さから削除。月桂樹の葉を取り出して捨てます。必要に応じて泡を取り除きます。

d) 温かいジャムをお玉で熱い瓶に注ぎ、ヘッドスペースを 1/4 インチ残します。気泡を取り除きます。瓶の縁を拭きます。瓶の中央の蓋。バンドを装着し、指先で締める程度に調整してください。瓶を沸騰したお湯の缶詰缶に入れます。すべての瓶がいっぱいになるまで繰り返します。

e) 高度を調整しながら、瓶を 15 分間処理します。火を止めてください。蓋を外し、瓶を5分間放置します。瓶を取り出して冷まします。

12. ブルーベリージャム

出来上がり量: 9 ハーフパイント

材料：

- 新鮮なブルーベリー 8 カップ
- 蜂蜜 6 カップ
- レモン汁 大さじ 3
- シナモンパウダー 小さじ 2
- レモンの皮のすりおろし 小さじ 2
- 粉末ナツメグ 小さじ 1/2
- 6 オンスの無糖液体フルーツペクチン

手順：

a) ブルーベリーをフードプロセッサーに入れます。カバーをして、ほぼ完全に混ざるまでパルスします。

b) ストックポットに移します。蜂蜜、レモン汁、シナモン、レモンの皮、ナツメグを加えて混ぜます。常にかき混ぜながら、強火で完全に沸騰させます。ペクチンを加えてかき混ぜます。

c) 絶えずかき混ぜながら 1 分間煮ます。

d) 火から下ろします。泡をすくい取ります。熱い混合物を熱い滅菌済みのハーフパイント瓶に注ぎ、1/4 インチのヘッドスペースを残します。

e) 気泡を取り除きます。リムを拭き、蓋を調整します。沸騰したお湯の缶詰で 10 分間処理します。

13. ラズベリージャム

製造数: 6 ハーフパイント

材料：

- 3 1/2 ポンドの新鮮なラズベリー、砕いたもの
- 新鮮なレモン汁 1/2 カップ
- 無糖ペクチン 大さじ 4
- 蜂蜜 1 と 1/2 カップ

手順：

a) ラズベリーをダッチオーブンに入れます。

b) レモン汁とペクチンを加えて混ぜます。混合物を沸騰させます。

c) かき混ぜて、ハニー。さらに 1 分間加熱します。

d) 1/4 インチのヘッドスペースを残して、熱い瓶に詰めます。気泡を抜き、蓋を中央に置きます。

e) バンドをかけてぴったりと固定します。

f) 瓶を沸騰したお湯の缶詰缶に入れます。

g) 高度を考慮して 10 分間処理します。

h) 瓶を取り出して冷まします。

14. ストロベリーテキーラジャム

出来上がり量: 4 ハーフパイント

材料：

- 砕いた新鮮なイチゴ 5 カップ
- テキーラ 1/2 カップ
- 無糖ペクチン 大さじ 5
- アガベシロップ 1 カップ

手順：

a) ダッチオーブンでイチゴとテキーラを混ぜます。

b) ペクチンを加えてかき混ぜます。

c) 混合物を沸騰させます。

d) アガベシロップを入れてかき混ぜます。さらに 1 分間加熱します。

e) 1/4 インチのヘッドスペースを残して、熱い瓶に詰めます。気泡を抜き、蓋を中央に置きます。バンドをかけてぴったりと固定します。瓶を沸騰したお湯の入った缶詰容器に入れます。

f) 高度を考慮して 10 分間処理します。

g) 瓶を取り出して冷まします。

15. ミントパイナップルジャム

作る量: ハーフパイント瓶 10 個

材料：

- 砕いたパイナップル 20 オンスの缶 1 つ
- 水 3/4 カップ
- レモン汁 1/4 カップ
- 蜂蜜 7 1/2 カップ
- 無糖ペクチン 大さじ 10
- ミントエキス 小さじ 1/2
- 緑色の着色料を数滴

手順：

a) 砕いたパイナップルをやかんに入れます。水、レモン汁、蜂蜜を加えます。よくかき混ぜ。

b) 強火にかけ、常にかき混ぜながら、表面全体に泡が立ちながらすぐに完全に沸騰します。

c) 絶えずかき混ぜながら、1 分間しっかりと沸騰させます。

d) 暑さから削除；ペクチン、フレーバーエキス、着色料を加えます。スキム。

e) すぐに加熱した滅菌缶詰瓶に注ぎ、ヘッドスペースを 1/4 インチ残します。

f) 密封して沸騰水浴中で 5 分間処理します。

16. イチゴとルバーブのジャム

作る量: 約 6 (1/2-PT./250-ML) 瓶

材料：

- 4 1/2 カップ (1.1 L) 1/4 インチ (0.5 cm) の厚さにスライスした新鮮なルバーブ
- 新鮮なオレンジジュース 1/2 カップ (125 mL) (大きなオレンジ約 2～3 個)
- 熟した新鮮なイチゴ 4 カップ
- 砂糖 5 カップ（1.25L）
- 液体ペクチン 1 (3 オンス/88.5 mL) パウチ

手順：

a) 3 クォート（3L）のステンレス鍋にルバーブとオレンジジュースを入れて混ぜます。蓋をして中火～強火で沸騰させます。蓋を外し、火を弱め、頻繁にかき混ぜながら、5 分間またはルバーブが柔らかくなるまで煮ます。

b) イチゴを洗います。茎と殻を取り除いて廃棄します。イチゴをポテトマッシャーで均等に砕くまで潰します。

c) 調理済みのルバーブ 2 カップとマッシュしたイチゴ 1 3/4 カップ (425 mL) を計り、6 クォートのステンレス鋼またはホーローダッチ オーブンに入れます。砂糖を加えてかき混ぜます。頻繁にかき混ぜながら、強火で混合物をかき混ぜることができないほど完全に沸騰させます。

d) ペクチンを加え、パウチから内容物全体をすぐに絞り出します。絶えずかき混ぜながら、1分間沸騰させ続けます。暑さから削除。必要に応じて泡を取り除きます。

e) 温かいジャムをお玉で熱い瓶に注ぎ、頭上に 1/4 インチ (0.5 cm) のスペースを残します。気泡を取り除きます。瓶の縁を拭きます。瓶の中央の蓋。バンドをかけて指先で締める程度に調整します。沸騰したお湯の缶詰に瓶を置きます。すべての瓶がいっぱいになるまで繰り返します。

f) 高度を調整しながら、瓶を 10 分間処理します。火を止めてください。蓋を外し、瓶を 5 分間放置します。瓶を取り出して冷まします。

17. ネクタリンとサワーチェリーのジャム

製造量: 約 7 (1/2-PT./250-ML) 瓶

材料：

- ネクタリン 750ｇ（１1/2 ポンド）、種を取り、細かく刻む
- 種を取り除いたタルトチェリーのみじん切り 2 カップ
- クラシックペクチン 大さじ 6
- ボトル入りレモン汁 大さじ 2
- 砂糖 6 カップ（1.5L）

手順：

a) 最初の 4 つの材料を 4 クォート (4 L) のステンレス鋼またはホーローのダッチ オーブンで混ぜ合わせます。絶えずかき混ぜながら、強火で混合物をかき混ぜることができないほど完全に沸騰させます。

b) 砂糖を加えてかき混ぜて溶かします。混合物を完全に沸騰するまで戻します。絶えずかき混ぜながら、1 分間しっかりと沸騰させます。暑さから削除。必要に応じて泡を取り除きます。

c) 温かいジャムをお玉で熱い瓶に注ぎ、頭上に 1/4 インチ (0.5 cm) のスペースを残します。気泡を取り除きます。瓶の縁を拭きます。瓶の中央の蓋。バンドをかけて指先で締める程度に調整します。沸騰したお湯の缶詰に瓶を置きます。すべての瓶がいっぱいになるまで繰り返します。

d) 高度を調整しながら、瓶を 10 分間処理します。火を止めてください。蓋を外し、瓶を 5 分間放置します。瓶を取り出して冷まします。

18. 低糖ストロベリーテキーラアガベジャム

作る量: 約 4 (1/2-PT./250 ML) 瓶

材料：

- 刻んだ新鮮なイチゴ 5 カップ (1.25 L)
- テキーラ 1/2 カップ (125 mL)
- 低糖ペクチンまたは無糖ペクチン 大さじ 5 (75 mL)
- アガベシロップ 1 カップ（250mL）

手順：

a) 最初の 2 つの材料を 4 クォート (4 L) のステンレス鋼またはホーローのダッチ オーブンで混ぜ合わせます。ベリーをポテトマッシャーで潰します。

b) ペクチンを加えてかき混ぜます。絶えずかき混ぜながら、強火で混合物をかき混ぜることができないほど完全に沸騰させます。

c) アガベシロップを入れてかき混ぜます。混合物を完全に沸騰するまで戻します。絶えずかき混ぜながら、1 分間しっかりと沸騰させます。暑さから削除。必要に応じて泡を取り除きます。

d) 温かいジャムをお玉で熱い瓶に注ぎ、頭上に 1/4 インチ (0.5 cm) のスペースを残します。気泡を取り除きます。瓶の縁を拭きます。瓶の中央の蓋。バンドをかけて指先で締める程度に調整します。沸騰したお湯の缶詰に瓶を置きます。すべての瓶がいっぱいになるまで繰り返します。

e) 高度を調整しながら、瓶を 10 分間処理します。火を止めてください。蓋を外し、瓶を 5 分間放置します。瓶を取り出して冷まします。

19. チョコレートチェリージャム

作る量: 約 6 (1/2-PT./250-ML) 瓶

材料：
- 生または冷凍の種の入ったダークで甘いチェリー、粗く刻んだもの 6 カップ (1.5 L)
- クラシックペクチン 大さじ 6
- ボトル入りレモン汁 1/4 カップ (60 mL)
- 砂糖 6 カップ（1.5L）
- 無糖ココア 2/3 カップ (150 mL)

手順：

a) 最初の 3 つの材料を 4 クォート (4 L) のステンレス鋼またはホーローのダッチ オーブンで混ぜ合わせます。絶えずかき混ぜながら、強火で混合物をかき混ぜることができないほど完全に沸騰させます。

b) その間に砂糖とココアを混ぜ合わせます。沸騰したチェリー混合物に一度にすべてを加えます。混合物を完全に沸騰するまで戻します。絶えずかき混ぜながら、1 分間しっかりと沸騰させます。暑さから削除。必要に応じて泡を取り除きます。

c) 温かいジャムをお玉で熱い瓶に注ぎ、頭上に 1/4 インチ (0.5 cm) のスペースを残します。気泡を取り除きます。瓶の縁を拭きます。瓶の中央の蓋。バンドをかけて指先で締める程度に調整します。沸騰したお湯の缶詰に瓶を置きます。すべての瓶がいっぱいになるまで繰り返します。

d) 高度を調整しながら、瓶を 10 分間処理します。火を止めてください。蓋を外し、瓶を 5 分間放置します。瓶を取り出して冷まします。

20. オレンジバナナジャム

作る量: 約 5 (1/2-PT./250-ML) 瓶

材料：

- 果肉入りのフレッシュオレンジジュース 2 カップ（オレンジ約 8 個分）
- 蜂蜜 1 カップ（250mL）
- ボトル入りレモン汁 大さじ 3（45 mL）
- 非常に熟したバナナ 1 kg（皮をむき、みじん切り）
- バニラビーンズ 1 個（割る）

手順：

a) 最初の 4 つの材料を 4 クォート (4 L) のステンレス鋼またはホーローのダッチ オーブンで混ぜ合わせます。バニラビーンズから種をこそぎ取ります。バナナ混合物に加えます。頻繁にかき混ぜながら、中火でゲル化点まで約 25 分間調理します。

b) 温かいジャムをお玉で熱い瓶に注ぎ、頭上に 1/4 インチ (0.5 cm) のスペースを残します。気泡を取り除きます。瓶の縁を拭きます。瓶の中央の蓋。バンドをかけて指先で締める程度に調整します。沸騰したお湯の缶詰に瓶を置きます。すべての瓶がいっぱいになるまで繰り返します。

c) 高度を調整しながら、瓶を 15 分間処理します。火を止めてください。蓋を外し、瓶を 5 分間放置します。瓶を取り出して冷まします。

21. アプリコットラベンダージャム

作る量: 約 6 (1/2-PT./250-ML) 瓶

材料：

- 乾燥したラベンダーのつぼみ 小さじ 4 (20 mL)
- 寒冷紗
- キッチン紐
- 種を取って刻んだアプリコット 3 ポンド（約 6 カップ/1.5 L）
- 砂糖 4 カップ
- ボトル入りレモン汁 大さじ 3（45 mL）

手順：

a) ラベンダーのつぼみを 10 cm 四方の寒冷紗の上に置きます。キッチン紐で結びます。

b) アプリコットを大きなボウルに入れます。ポテトマッシャーで潰れるまでマッシュします。砂糖とレモン汁を加えてかき混ぜます。チーズクロスバッグを加え、湿るまでかき混ぜます。カバーをして 4 時間または一晩冷やします。

c) アプリコット混合物を 6 クォートのステンレススチールまたはエナメル加工のダッチオーブンに注ぎます。中火にかけ、砂糖が溶けるまでかき混ぜながら沸騰させます。熱を中〜強に上げます。絶えずかき混ぜながら、45 分間、または混合物が濃くなり、キャンディー温度計が 220°F（104°C）を示すまで調理します。暑さから削除。寒冷紗の袋を取り外して廃棄します。

d) 温かいジャムをお玉で熱い瓶に注ぎ、頭上に 1/4 インチ (0.5 cm) のスペースを残します。気泡を取り除きます。瓶の縁を拭きます。瓶の中央の蓋。バンドをかけて指先で締める程度に調整します。沸騰したお湯の缶詰に瓶を置きます。すべての瓶がいっぱいになるまで繰り返します。

e) 高度を調整しながら、瓶を 10 分間処理します。火を止めてください。蓋を外し、瓶を 5 分間放置します。瓶を取り出して冷まします。

22. イチジクと洋ナシのジャム

作る量：約 4 (1/2-PT./250 ML) 瓶

材料：

- 刻んだ梨 2 カップ（250mL）
- 刻んだ新鮮なイチジク 2 カップ（250 mL）
- クラシックペクチン 大さじ 4（60 mL）
- ボトル入りレモン汁 大さじ 2
- 水 大さじ 1（15 mL）
- 砂糖 3 カップ（750mL）

手順：

a) 砂糖を除くすべての材料を 4 クォート（4L）のステンレススチールまたはホーローダッチオーブンに入れて混ぜます。絶えずかき混ぜながら、強火で混合物をかき混ぜることができないほど完全に沸騰させます。

b) 砂糖を加えてかき混ぜて溶かします。混合物を完全に沸騰するまで戻します。絶えずかき混ぜながら、1 分間しっかりと沸騰させます。暑さから削除。必要に応じて泡を取り除きます。

c) 温かいジャムをお玉で熱い瓶に注ぎ、頭上に 1/4 インチ (0.5 cm) のスペースを残します。瓶の縁を拭きます。瓶の中央の蓋。バンドをかけて指先で締める程度に調整します。沸騰したお湯の缶詰に瓶を置きます。すべての瓶がいっぱいになるまで繰り返します。

d) 高度を調整しながら、瓶を 10 分間処理します。火を止めてください。蓋を外し、瓶を 5 分間放置します。瓶を取り出して冷まします。

23. イチジクとローズマリーと赤ワインのジャム

作る量: 約 4 (1/2-PT./250-ML) 瓶

材料：

- メルローまたはその他のフルーティーな赤ワイン　1 1/2 カップ (375 mL)
- 新鮮なローズマリーの葉　大さじ 2
- 細かく刻んだ新鮮なイチジク　2 カップ
- クラシックペクチン　大さじ 3（45 mL）
- ボトル入りレモン汁　大さじ 2
- 砂糖　2 と 1/2 カップ（625 mL）

手順：

a) 小さなステンレス鋼またはホーロー鍋にワインとローズマリーを入れて煮ます。火を止めてください。蓋をして 30 分間浸します。

b) ワインを目の細かい金網のこし器を通して、4 クォート (4 L) のステンレス鋼またはホーロー鍋に注ぎます。ローズマリーは捨てます。イチジク、ペクチン、レモン汁を加えて混ぜます。絶えずかき混ぜながら、強火で混合物をかき混ぜることができないほど完全に沸騰させます。

c) 砂糖を加えてかき混ぜて溶かします。混合物を完全に沸騰するまで戻します。絶えずかき混ぜながら、1 分間しっかりと沸騰させます。暑さから削除。必要に応じて泡を取り除きます。

d) 温かいジャムをお玉で熱い瓶に注ぎ、頭上に 1/4 インチ (0.5 cm) のスペースを残します。気泡を取り除きます。瓶の縁を拭きます。瓶の中央の蓋。バンドをかけて指先で締める程度に調整します。沸騰したお湯の缶詰に瓶を置きます。すべての瓶がいっぱいになるまで繰り返します。

e) 高度を調整しながら、瓶を 10 分間処理します。火を止めてください。蓋を外し、瓶を 5 分間放置します。瓶を取り出して冷まします。

24. メロンジャム

作る量: 約 5 (1/2-PT./250-ML) 瓶

材料：

- 14 カップ (3.5 L) 1 インチ (1 cm) マスクメロンまたはその他のオレンジ色の果肉のメロン キューブ (大きなメロン約 2 個)
- コーシャーソルト 1/4 カップ (60 mL)
- 砂糖 4 カップ
- ボトル入りレモン汁 3/4 カップ (175 mL)
- 砕いたピンクペッパー 大さじ 1（15 mL）（お好みで）

手順：

a) 大きめのボウルにメロンと塩を入れてよく混ぜます。蓋をして 2 時間放置します。ドレイン; 冷水ですすいでください。ドレイン。

b) メロン、砂糖、レモン汁を 6 クォートのステンレススチールまたはホーローダッチオーブンで混ぜ合わせます。沸騰させます。火を弱め、蓋をせずに 20 分間、またはメロンが柔らかくなるまで煮ます。メロンをポテトマッシャーで潰します。蓋をせず、頻繁にかき混ぜながら、ゲル化点まで約 1 時間煮ます。（メロンからは大量の水分が放出されるため、調理時間は異なる場合があります。）必要に応じて泡を取り除き、必要に応じてコショウの実を加えてかき混ぜます。

c) 温かいジャムをお玉で熱い瓶に注ぎ、頭上に 1/4 インチ (0.5 cm) のスペースを残します。気泡を取り除きます。瓶の縁を拭きます。瓶の中央の蓋。バンドをかけて指先で締める程度に調整します。沸騰したお湯の缶詰に瓶を置きます。すべての瓶がいっぱいになるまで繰り返します。

d) 高度を調整しながら、瓶を 15 分間処理します。火を止めてください。蓋を外し、瓶を 5 分間放置します。瓶を取り出して冷まします。

25. ピーチローズマリージャム

作る量: 約 6 (1/2-PT./250 ML) 瓶

材料：

- 2 1/2 ポンド（1.25 kg）の新鮮な桃（大 5 個）
- ライムの皮 小さじ 1
- クラシックペクチン 大さじ 6
- フレッシュライムジュース 1/4 カップ (60 mL) (ライム約 3 個)
- ローズマリーの小枝 2 本 (4 インチ/10 cm)
- 砂糖 5 カップ（1.25L）

手順：

a) 野菜ピーラーで桃の皮をむきます。種を取り除き、粗く刻みます。均等に砕けるまでポテトマッシャーでマッシュします。砕いた桃を 4 カップ測って、6 クォートのステンレススチールまたはエナメル加工のダッチオーブンに入れます。ライムの皮と次の 3 つの材料を加えて混ぜます。

b) 絶えずかき混ぜながら、強火で混合物をかき混ぜることができないほど完全に沸騰させます。絶えずかき混ぜながら 1 分間煮ます。

c) 砂糖を加えてかき混ぜて溶かします。混合物を完全に沸騰するまで戻します。絶えずかき混ぜながら、1 分間しっかりと沸騰させます。暑さから削除。ローズマリーを取り出して捨てます。必要に応じて泡を取り除きます。

d) 温かいジャムをお玉で熱い瓶に注ぎ、頭上に 1/4 インチ (0.5 cm) のスペースを残します。気泡を取り除きます。瓶の縁を拭きます。瓶の中央の蓋。バンドをかけて指先で締める程度に調整します。沸騰したお湯の缶詰に瓶を置きます。すべての瓶がいっぱいになるまで繰り返します。

e) 高度を調整しながら、瓶を 10 分間処理します。火を止めてください。蓋を外し、瓶を 5 分間放置します。瓶を取り出して冷まします。

26. はちみつ梨ジャム

作る量: 約 5 (1/2-PT./250-ML) 瓶

材料：
- 3 1/4 ポンドのしっかりとした熟した梨
- リンゴジュース 1/2 カップ (125 mL)
- ボトル入りレモン汁 大さじ 1（15 mL）
- 粉末シナモン 小さじ 1/2（2.5 mL）
- 新生姜 1 個（皮をむき、細かくすりおろす）
- 低糖または無糖ペクチン 大さじ 6
- 蜂蜜 1/2 カップ (125 mL)

手順：

a) 最初の 5 つの材料を 6 クォートのステンレススチールまたはホーローダッチオーブンで混ぜ合わせます。蓋をせず、中火で 15 分間、または梨が柔らかくなるまで、時々かき混ぜながら調理します。洋ナシの混合物をポテトマッシャーで少し潰し、大きな塊に砕きます。

b) ペクチンを加えてかき混ぜます。絶えずかき混ぜながら、強火で混合物をかき混ぜることができないほど完全に沸騰させます。

c) 蜂蜜を加えてかき混ぜます。混合物を完全に沸騰するまで戻します。絶えずかき混ぜながら、1 分間しっかりと沸騰させます。暑さから削除。必要に応じて泡を取り除きます。

d) 温かいジャムをお玉で熱い瓶に注ぎ、頭上に 1/4 インチ (0.5 cm) のスペースを残します。気泡を取り除きます。瓶の縁を拭きます。瓶の中央の蓋。バンドをかけて指先で締める程度に調整します。沸騰したお湯の缶詰に瓶を置きます。すべての瓶がいっぱいになるまで繰り返します。

e) 高度を調整しながら、瓶を 10 分間処理します。火を止めてください。蓋を外し、瓶を 5 分間放置します。瓶を取り出して冷まします。

27. アップルパイジャム

作る量: 約 5 (1/2-PT./250-ML) 瓶

材料：

- 皮をむいたグラニースミスリンゴ 6 カップ (1.5 L) (リンゴ約 6 個)
- リンゴジュースまたはリンゴサイダー 2 カップ
- ボトル入りレモン汁 大さじ 2
- クラシックペクチン 大さじ 3（45 mL）
- 粉末シナモン 小さじ 1
- オールスパイス 小さじ 1/2（2 mL）
- ナツメグ 小さじ 1/4（1 mL）
- 砂糖 2 カップ

手順：

a) 最初の 3 つの材料を 6 クォートのステンレススチールまたはホーローダッチオーブンで沸騰させます。火を弱め、蓋をせず、時々かき混ぜながら 10 分間またはリンゴが柔らかくなるまで煮ます。

b) ペクチンと次の 3 つの材料を加えて混ぜます。絶えずかき混ぜながら、強火で混合物をかき混ぜることができないほど完全に沸騰させます。

c) 砂糖を加えてかき混ぜて溶かします。混合物を完全に沸騰するまで戻します。絶えずかき混ぜながら、1 分間しっかりと沸騰させます。暑さから削除。必要に応じて泡を取り除きます。

d) 温かいジャムをお玉で熱い瓶に注ぎ、頭上に 1/4 インチ (0.5 cm) のスペースを残します。気泡を取り除きます。瓶の縁を拭きます。瓶の中央の蓋。バンドをかけて指先で締める程度に調整します。沸騰したお湯の缶詰に瓶を置きます。すべての瓶がいっぱいになるまで繰り返します。

e) 高度を調整しながら、瓶を 10 分間処理します。火を止めてください。蓋を外し、瓶を 5 分間放置します。瓶を取り出して冷まします。

28. ピーチバーボンジャム

作る量: 約 6 (1/2-PT./250-ML) 瓶

材料：

- 皮をむいた新鮮な桃　2 kg（4 ポンド）
- クラシックペクチン　大さじ 6
- ボトル入りレモン汁　1/4 カップ (60 mL)
- バーボン　1/4 カップ (60 mL)
- 細かく刻んだ結晶生姜　大さじ 2
- 砂糖　7 カップ（1.75L）

手順：

a) 桃の種を取り、粗く刻みます。刻んだ桃 4 1/2 カップ (1.1 L) を量り、6 クォートのステンレス鋼またはホーローダッチ オーブンに入れ、均一に砕けるまでポテトマッシャーでマッシュします。ペクチンと次の 3 つの材料を加えてかき混ぜます。

b) 絶えずかき混ぜながら、強火で混合物をかき混ぜることができないほど完全に沸騰させます。

c) 砂糖を加えてかき混ぜて溶かします。混合物を完全に沸騰するまで戻します。絶えずかき混ぜながら、1 分間しっかりと沸騰させます。暑さから削除。必要に応じて泡を取り除きます。

d) 温かいジャムをお玉で熱い瓶に注ぎ、頭上に 1/4 インチ (0.5 cm) のスペースを残します。気泡を取り除きます。瓶の縁を拭きます。瓶の中央の蓋。バンドをかけて指先で締める程度に調整します。沸騰したお湯の缶詰に瓶を置きます。すべての瓶がいっぱいになるまで繰り返します。

e) 高度を調整しながら、瓶を 10 分間処理します。火を止めてください。蓋を外し、瓶を 5 分間放置します。瓶を取り出して冷まします。

29. 低糖質ラズベリー「レモネード」ジャム

作る量: 約 6 (1/2-PT./250-ML) 瓶

材料：
- 新鮮なラズベリー 1.6 kg（3 1/2 ポンド）
- 新鮮なレモン汁 1/2 カップ (125 mL) (レモン約 5 個)
- 低糖ペクチンまたは無糖ペクチン 大さじ 4 (60 mL)
- 蜂蜜 1 と 1/2 カップ（375 mL）

手順：

a) ラズベリーを 6 クォートのステンレススチールまたはホーローダッチオーブンに入れます。ラズベリーをポテトマッシャーで潰します。

b) レモン汁とペクチンを加えて混ぜます。絶えずかき混ぜながら、強火で混合物をかき混ぜることができないほど完全に沸騰させます。

c) 蜂蜜を加えてかき混ぜます。混合物を完全に沸騰するまで戻します。絶えずかき混ぜながら、1 分間しっかりと沸騰させます。暑さから削除。必要に応じて泡を取り除きます。

d) 温かいジャムを熱い瓶に入れ、ヘッドスペースを 1/4 インチ (0.5 mL) 残します。気泡を取り除きます。瓶の縁を拭きます。瓶の中央の蓋。バンドをかけて指先で締める程度に調整します。沸騰したお湯の缶詰に瓶を置きます。すべての瓶がいっぱいになるまで繰り返します。

e) 高度を調整しながら、瓶を 10 分間処理します。火を止めてください。蓋を外し、瓶を 5 分間放置します。瓶を取り出して冷まします。

30. トマトとハーブのジャム

作る量: 約 4 (1/2-PT./250-ML) 瓶

材料：

- プラムトマト 3 kg（6 ポンド）、芯を取り、みじん切りにする
- 塩 小さじ 1
- 挽きたての黒コショウ 小さじ 1/2（2 mL）
- ニンニク 3 片（みじん切り）
- 月桂樹の葉 2 枚
- 砂糖 1 と 1/2 カップ（375 mL）
- バルサミコ酢 125 mL（1/2 カップ）
- 辛口白ワイン 1/4 カップ (60 mL)
- エルブ・ド・プロヴァンス 小さじ 2（10 mL）

手順：

a) 最初の 5 つの材料を 6 クォートのステンレススチールまたはホーローダッチオーブンで混ぜ合わせます。蓋をせず、中火〜強火で 1 時間または半分の量になるまで、頻繁にかき混ぜながら調理します。

b) 砂糖と次の 3 つの材料を加えて混ぜます。蓋をせず、中火で 45 分間、または時々かき混ぜながら非常に濃くなるまで煮ます。月桂樹の葉を取り除いて廃棄します。

c) 熱いジャムを熱い瓶に注ぎ、1/4 インチ (0.5 mL) のヘッドスペースを残します。気泡を取り除きます。瓶の縁を拭きます。瓶の中央の蓋。バンドをかけて指先で締める程度に調整します。沸騰したお湯の缶詰に瓶を置きます。すべての瓶がいっぱいになるまで繰り返します。

d) 高度を調整しながら、瓶を 10 分間処理します。火を止めてください。蓋を外し、瓶を 5 分間放置します。瓶を取り出して冷まします。

31. ズッキーニのパンジャム

作る量: 約 4 (1/2-PT./250-ML) 瓶

材料：

- 千切りズッキーニ 4 カップ
- リンゴジュース 1 カップ（250mL）
- クラシックペクチン 大さじ 6
- ゴールデンレーズン 1/4 カップ (60 mL)
- ボトル入りレモン汁 大さじ 1（15 mL）
- 粉末シナモン 小さじ 1
- 粉末ナツメグ 小さじ 1/2（2 mL）
- 砂糖 3 カップ（750mL）

手順：

a) 砂糖を除くすべての材料を 6 クォートのステンレススチールまたはホーローダッチオーブンで混ぜ合わせます。絶えずかき混ぜながら、強火で混合物をかき混ぜることができないほど完全に沸騰させます。

b) 砂糖を加えてかき混ぜて溶かします。混合物を完全に沸騰するまで戻します。絶えずかき混ぜながら、1 分間しっかりと沸騰させます。暑さから削除。必要に応じて泡を取り除きます。

c) 温かいジャムをお玉で熱い瓶に注ぎ、頭上に 1/4 インチ (0.5 cm) のスペースを残します。気泡を取り除きます。瓶の縁を拭きます。瓶の中央の蓋。バンドをかけて指先で締める程度に調整します。沸騰したお湯の缶詰に瓶を置きます。すべての瓶がいっぱいになるまで繰り返します。

d) 高度を調整しながら、瓶を 15 分間処理します。火を止めてください。蓋を外し、瓶を 5 分間放置します。瓶を取り出して冷まします。

32. ベリーエールジャム

作る量：約 6 (1/2-PT./250-ML) 瓶

材料：
- ラズベリー、ブルーベリー、またはイチゴ 2 カップ
- フラットペールエール 2 本
- クラシックペクチン 大さじ 6
- レモンの皮 小さじ 1
- 新鮮なレモン汁 大さじ 2
- 砂糖 4 カップ

手順：

a) ベリーを 6 クォートのステンレススチールまたはエナメル加工のダッチオーブンに置きます。ベリーをポテトマッシャーで潰します。エールと次の 3 つの材料を加えてかき混ぜます。絶えずかき混ぜながら、強火で混合物をかき混ぜることができないほど完全に沸騰させます。

b) 砂糖を加えてかき混ぜて溶かします。混合物を完全に沸騰するまで戻します。絶えずかき混ぜながら、1 分間しっかりと沸騰させます。暑さから削除。必要に応じて泡を取り除きます。

c) 温かいジャムをお玉で熱い瓶に注ぎ、頭上に 1/4 インチ (0.5 cm) のスペースを残します。気泡を取り除きます。瓶の縁を拭きます。瓶の中央の蓋。バンドをかけて指先で締める程度に調整します。沸騰したお湯の缶詰に瓶を置きます。すべての瓶がいっぱいになるまで繰り返します。

d) 高度を調整しながら、瓶を 10 分間処理します。火を止めてください。蓋を外し、瓶を 5 分間放置します。瓶を取り出して冷まします。

33. 低糖アップルチリジャム

作る量: 約 5 (1/2-PT./250-ML) 瓶

材料：
- 皮をむき、すりおろす大きめのリンゴ 2 個（それぞれ約 8 1/2 オンス/480 g）
- ボトル入りレモン汁　大さじ 3（45 mL）
- リンゴジュース 4 カップ
- 低糖ペクチンまたは無糖ペクチン　大さじ 3 (45 mL)
- 砕いたチリ・デ・アルボル、または乾燥させた砕いた赤唐辛子　大さじ 1（15 mL）
- 砂糖　1/2 カップ (125 mL)
- 蜂蜜　1/2 カップ (125 mL)

手順：

a) すりおろしたリンゴとレモン汁を 4 クォート（4L）のステンレススチールまたはホーローダッチオーブンに入れて混ぜます。絶えずかき混ぜながら、10 分間またはリンゴが柔らかくなるまで調理します。

b) リンゴジュース、ペクチン、砕いたチリ・デ・アルボルを加えて混ぜます。絶えずかき混ぜながら、強火で混合物をかき混ぜることができないほど完全に沸騰させます。

c) 砂糖とはちみつを加え、かき混ぜて砂糖を溶かします。混合物を完全に沸騰するまで戻します。絶えずかき混ぜながら、1 分間しっかりと沸騰させます。暑さから削除。必要に応じて泡を取り除きます。

d) 温かいジャムをお玉で熱い瓶に注ぎ、頭上に 1/4 インチ (0.5 cm) のスペースを残します。気泡を取り除きます。瓶の縁を拭きます。瓶の中央の蓋。バンドをかけて指先で締める程度に調整します。沸騰したお湯の缶詰に瓶を置きます。すべての瓶がいっぱいになるまで繰り返します。

e) 高度を調整しながら、瓶を 10 分間処理します。火を止めてください。蓋を外し、瓶を 5 分間放置します。瓶を取り出して冷まします。

34. バルサミコ玉ねぎジャム

作る量: 約 5 (1/2-PT./250-ML) 瓶

材料：
- 玉ねぎ 1 kg（2 ポンド）、みじん切り
- バルサミコ酢 125 mL（1/2 カップ）
- メープルシロップ 1/2 カップ (125 mL)
- 塩 小さじ 1 と 1/2（7.5 mL）
- 白コショウ 小さじ 2（10 mL）
- 月桂樹の葉 1 枚
- リンゴジュース 2 カップ
- 低糖ペクチンまたは無糖ペクチン 大さじ 3 (45 mL)
- 砂糖 1/2 カップ (125 mL)

手順：

a) 最初の 6 つの材料を 6 クォートのステンレススチールまたはホーローダッチオーブンで混ぜ合わせます。中火で 15 分間、または玉ねぎが半透明になるまで、時々かき混ぜながら煮ます。

b) リンゴジュースとペクチンを加えて混ぜます。絶えずかき混ぜながら、強火で混合物をかき混ぜることができないほど完全に沸騰させます。

c) 砂糖を加えてかき混ぜて溶かします。混合物を完全に沸騰するまで戻します。絶えずかき混ぜながら、1 分間しっかりと沸騰させます。暑さから削除。月桂樹の葉を取り除いて廃棄します。必要に応じて泡を取り除きます。

d) 温かいジャムをお玉で熱い瓶に注ぎ、頭上に 1/4 インチ (0.5 cm) のスペースを残します。気泡を取り除きます。瓶の縁を拭きます。瓶の中央の蓋。バンドをかけて指先で締める程度に調整します。沸騰したお湯の缶詰に瓶を置きます。すべての瓶がいっぱいになるまで繰り返します。

e) 高度を調整しながら、瓶を 15 分間処理します。火を止めてください。蓋を外し、瓶を 5 分間放置します。瓶を取り出して冷まします。

35. ブルーベリーレモンジャム

作る量: 約 4 (1/2-PT./250-ML) 瓶

材料：

- 新鮮なブルーベリー 4 カップ
- 砂糖 3 1/2 カップ (1.6 L)
- レモンの皮 小さじ 1
- 新鮮なレモン汁 大さじ 1（15 mL）
- 液体ペクチン 1 (3 オンス/88.5 mL) パウチ

手順：

a) ブルーベリーを洗い、水を切り、スプーンで軽く砕きます（皮が割れる程度）。砕いたブルーベリー 2 1/2 カップ (625 mL) を計り、6 クォートのステンレス鋼またはホーローダッチ オーブンに入れます。

b) 砂糖と次の 2 つの材料を加えます。絶えずかき混ぜながら、強火で混合物をかき混ぜることができないほど完全に沸騰させます。

c) ペクチンを加え、パウチから内容物全体をすぐに絞り出します。絶えずかき混ぜながら、1 分間沸騰させ続けます。暑さから削除。必要に応じて泡を取り除きます。

d) 熱い混合物を熱い瓶に注ぎ、ヘッドスペースを 1/4 インチ (0.5 cm) 残します。気泡を取り除きます。瓶の縁を拭きます。瓶の中央の蓋。バンドをかけて指先で締める程度に調整します。沸騰したお湯の缶詰に瓶を置きます。すべての瓶がいっぱいになるまで繰り返します。

e) 高度を調整しながら、瓶を 10 分間処理します。火を止めてください。蓋を外し、瓶を 5 分間放置します。瓶を取り出して冷まします。

36. リンゴジャム

材料：
- 皮をむき、芯を取り、刻んだ梨 2カップ
- 皮をむき、芯を取り、みじん切りにしたリンゴ 1カップ
- 砂糖 6 1/2カップ
- シナモン粉末 小さじ1/4
- ボトル入りレモン汁 1/3カップ
- 6オンスの液体ペクチン

手順：

a) 大きな鍋にリンゴと梨を砕き、シナモンを加えてかき混ぜます。

b) 砂糖とレモン汁を果物とよく混ぜ、常にかき混ぜながら強火で沸騰させます。すぐにペクチンを加えてかき混ぜます。完全に沸騰させ、絶えずかき混ぜながら1分間しっかりと沸騰させます。

c) 火から下ろし、泡を素早く取り除き、1/4インチのヘッドスペースを残して滅菌瓶に充填します。湿らせた清潔なペーパータオルで瓶の縁を拭きます。

d) 蓋を調整して処理します。

37. イチゴとルバーブのゼリー

材料：

- ルバーブの赤い茎 1.5 ポンド
- 1.5 クォートの熟したイチゴ
- 泡立ちを抑えるためバターまたはマーガリン 小さじ 1/2
- 砂糖 6 カップ
- 6 オンスの液体ペクチン

手順：

a) ルバーブを洗って 1 インチの小片に切り、ブレンドまたは粉砕します。イチゴを洗い、ヘタを取り、鍋で一度に 1 層ずつ潰します。

b) 両方の果物をゼリーバッグまたは二重のチーズクロスに入れ、軽くジュースを絞ります。3〜1/2 カップのジュースを大きな鍋に量ります。バターと砂糖を加え、ジュースによく混ぜます。

c) 常にかき混ぜながら強火で沸騰させます。すぐにペクチンを加えてかき混ぜます。完全に沸騰させ、絶えずかき混ぜながら 1 分間しっかりと沸騰させます。

d) 火から下ろし、泡を素早く取り除き、1/4 インチのヘッドスペースを残して滅菌瓶に充填します。湿らせた清潔なペーパータオルで瓶の縁を拭きます。

e) 蓋を調整して処理します。

38. ブルーベリーのスパイスジャム

材料：
- 熟したブルーベリー 2-1/2 パイント
- レモン汁 大さじ 1
- 粉末ナツメグまたはシナモン 小さじ 1/2
- 砂糖 5-1/2 カップ
- 水 3/4 カップ
- 粉末ペクチン 1 箱（1-3/4 オンス）

手順：

a) ブルーベリーを洗い、鍋で一度に 1 層ずつ徹底的に砕きます。レモン汁、スパイス、水を加えます。ペクチンを加えてかき混ぜ、頻繁にかき混ぜながら強火で完全に沸騰させます。

b) 砂糖を加えて完全に沸騰させます。絶えずかき混ぜながら、1 分間しっかりと沸騰させます。

c) 火から下ろし、泡を素早く取り除き、1/4 インチのヘッドスペースを残して滅菌瓶に充填します。湿らせた清潔なペーパータオルで瓶の縁を拭きます。

d) 蓋を調整して処理します。

39. ぶどう梅ゼリー

材料：

- 3-1/2 ポンドの熟したプラム
- 3 ポンドの熟したコンコードグレープ
- 水 1 カップ
- 泡立ちを抑えるためにバターまたはマーガリン 小さじ 1/2（オプション）
- 砂糖 8-1/2 カップ
- 粉末ペクチン 1 箱（1-3/4 オンス）

手順：

a) 梅を洗って種を取り除きます。皮をむかないでください。プラムとブドウを水を入れた鍋で一度に一層ずつ徹底的に粉砕します。沸騰したら蓋をして 10 分煮ます。

b) ゼリーバッグまたは二重のチーズクロスを通してジュースを濾します。砂糖を計って置いておきます。

c) 大きな鍋に 6〜1/2 カップのジュースをバターとペクチンと混ぜます。絶えずかき混ぜながら、強火で沸騰させます。砂糖を加えて完全に沸騰させます。絶えずかき混ぜながら、1 分間しっかりと沸騰させます。

d) 火から下ろし、泡を素早く取り除き、1/4 インチのヘッドスペースを残して滅菌瓶に充填します。湿らせた清潔なペーパータオルで瓶の縁を拭きます。

e) 蓋を調整して処理します。

40. ゴールデンペッパーゼリー

材料：

- みじん切りの黄色ピーマン 5 カップ
- 刻んだセラーノチリペッパー 1/2 カップ
- 白蒸留酢（5%） 1 と 1/2 カップ
- 砂糖 5 カップ
- 液体ペクチン 1 パウチ（3 オンス）

手順：

a) すべてのピーマンをよく洗います。ピーマンからヘタと種を取り除きます。スイートペッパーとホットペッパーをミキサーまたはフードプロセッサーに入れます。

b) ピーマンをピューレ状にするのに十分な量の酢を加え、ピューレ状にします。ペッパービネガーピューレと残りの酢を 8 クォートまたは 10 クォートの鍋に入れます。沸騰するまで加熱します。その後、10 分間煮て風味と色を抽出します。

c) 火から下ろし、ゼリー袋を通してボウルに濾します。(ゼリーバッグが好ましいですが、数枚のチーズクロスを使用することもできます。)

d) 濾したコショウ酢の汁 2 〜 1/4 カップを計量して鍋に戻します。溶けるまで砂糖を加えてかき混ぜ、混合物を再び沸騰させます。ペクチンを加え、完全に沸騰するまで戻し、絶えずかき混ぜながら 1 分間しっかりと沸騰させます。

e) 火から下ろし、泡を素早く取り除き、1/4 インチのヘッドスペースを残して滅菌瓶に充填します。湿らせた清潔なペーパータオルで瓶の縁を拭きます。

f) 蓋を調整して処理します。

41. ピーチパイナップルジャム

材料：

- 水気を切った桃の果肉 4 カップ
- 水気を切った無糖の砕いたパイナップル 2 カップ
- ボトル入りレモン汁 1/4 カップ
- 砂糖 2 カップ（お好みで）

手順：

a) 4〜6 ポンドの固く熟した桃を徹底的に洗います。よく水を切ります。皮をむいて穴を取り除きます。果肉を中刃または粗刃で粉砕するか、フォークで粉砕します（ミキサーは使用しないでください）。

b) 粉砕または砕いた果物を 2 クォートの鍋に入れます。果物が柔らかくなるまで、絶えずかき混ぜながらゆっくりと加熱して果汁を出します。

c) 調理したフルーツを、4 層のチーズクロスを敷いたゼリーバッグまたはストレーナーに入れます。ジュースを滴下するまで約 15 分間待ちます。ジュースはゼリーまたは他の用途に保存してください。

d) スプレッドを作るために水気を切った果肉を 4 カップ計量します。果肉、パイナップル、レモン汁 4 カップを 4 クォートの鍋に入れて混ぜます。必要に応じて砂糖を最大 2 カップ加え、よく混ぜます。焦げつかないように十分にかき混ぜながら、10〜15 分間穏やかに加熱して沸騰させます。

e) 熱い瓶に素早く充填し、1/4 インチのヘッドスペースを残します。湿らせた清潔なペーパータオルで瓶の縁を拭きます。

f) 蓋を調整して処理します。

42. 冷蔵りんごジャム

原材料:

- 無香料ゼラチンパウダー 大さじ2
- 1クォートボトルの無糖リンゴジュース
- ボトル入りレモン汁 大さじ2
- 液体の低カロリー甘味料 大さじ2
- 必要に応じて食品着色料

手順：

a) 鍋にリンゴとレモン汁を入れゼラチンを入れてふやかします。ゼラチンを溶かすには、完全に沸騰させて2分間沸騰させます。暑さから削除。必要に応じて、甘味料と食品着色料を加えて混ぜます。

b) 1/4インチのヘッドスペースを残して瓶を充填します。湿らせた清潔なペーパータオルで瓶の縁を拭きます。蓋を調整します。加工したり冷凍したりしないでください。

c) 冷蔵庫に保管し、4週間以内にご使用ください。

43. 冷蔵庫のぶどうジャム

材料：

- 無香料ゼラチンパウダー　大さじ 2
- 無糖グレープジュース　1 本（24 オンス）
- ボトル入りレモン汁　大さじ 2
- 液体の低カロリー甘味料　大さじ 2

手順：

a) 鍋にブドウとレモン汁を入れゼラチンを入れてふやかします。完全に沸騰させてゼラチンを溶かします。1 分間沸騰させて火から下ろします。甘味料を混ぜます。

b) 熱い瓶に素早く充填し、1/4 インチのヘッドスペースを残します。湿らせた清潔なペーパータオルで瓶の縁を拭きます。

c) 蓋を調整します。加工したり冷凍したりしないでください。

d) 冷蔵庫に保管し、4 週間以内にご使用ください。

44. 粉末ペクチン入りチェリーゼリー

材料：

- チェリージュース 3 1/2 カップ
- 粉末ペクチン 1 パッケージ
- 砂糖 4 1/2 カップ

手順：

a) ジュースを準備するため。完熟したさくらんぼを厳選。選別し、洗い、茎を取り除きます。穴を開けないでください。チェリーを砕き、水を加え、蓋をし、強火で沸騰させます。火を弱めて 10 分間煮ます。果汁を抽出します。

b) ゼリー作りに。ジュースを計ってケトルに入れます。ペクチンを加えてよくかき混ぜます。強火にかけ、絶えずかき混ぜながら、すぐに完全に沸騰し、かき混ぜることはできません。

c) 砂糖を加えてかき混ぜ続け、再び完全に沸騰するまで加熱します。1 分間しっかりと沸騰させます。

d) 暑さから削除；泡をすぐに取り除きます。ゼリーを熱く滅菌した缶詰瓶に上から 1/4 インチのところまで注ぎます。密封し、沸騰した湯の中で 5 分間処理します。

45. 粉末ペクチン入りチェリージャム

材料：

- 種抜きチェリー 4 カップ
- 粉末ペクチン 1 パッケージ
- 砂糖 5 カップ

手順：

a) 果物を準備するため。完熟したさくらんぼを選別して洗います。茎と種を取り除きます。チェリーを粉砕するか、細かく刻みます。

b) ジャムを作るため。下処理したチェリーを計量してやかんに入れます。ペクチンを加えてよくかき混ぜます。強火にかけ、常にかき混ぜながら、表面全体に泡が立ちながらすぐに完全に沸騰します。

c) 砂糖を加えてかき混ぜ続け、再び完全に沸騰するまで加熱します。絶えずかき混ぜながら、1 分間しっかりと沸騰させます。暑さから削除；スキム。

d) すぐに熱い滅菌缶詰瓶に上から 1/4 インチのところまで注ぎます。密封して沸騰水浴中で 5 分間処理します。

46. 液体ペクチン入りイチジクジャム

材料：
- 砕いたイチジク 4カップ（イチジク約 3 ポンド）
- レモン汁 1/2 カップ
- 砂糖 7 1/2 カップ
- 液体ペクチン 1/2 ボトル

手順：

a) 果物を準備するため。完熟イチジクを選別して洗います。茎の端を取り外します。果物を粉砕または粉砕します。

b) ジャムを作るため。砕いたイチジクとレモン汁をやかんに入れます。砂糖を加えてよくかき混ぜます。強火にかけ、絶えずかき混ぜながら、表面全体に泡が立ちながらすぐに完全に沸騰します。絶えずかき混ぜながら、1 分間しっかりと沸騰させます。

c) 暑さから削除。ペクチンを加えてかき混ぜます。泡を素早く取り除きます。すぐに熱い滅菌缶詰瓶に上から 1/4 インチのところまで注ぎます。密封して沸騰水浴中で 5 分間処理します。

47. 粉末ペクチン入りぶどうゼリー

材料：
- グレープジュース 5 カップ
- 粉末ペクチン 1 パッケージ
- 砂糖 7 カップ

手順：

a) ジュースを準備するため。完熟したブドウを選別、洗浄し、ヘタを取り除きます。ブドウを潰し、水を加えて蓋をし、強火で沸騰させます。火を弱めて 10 分間煮ます。果汁を抽出します。

b) ゼリー作りに。ジュースを計ってケトルに入れます。ペクチンを加えてよくかき混ぜます。強火にかけ、絶えずかき混ぜながら、すぐに完全に沸騰し、かき混ぜることはできません。

c) 砂糖を加えてかき混ぜ続け、再び完全に沸騰させます。1 分間しっかりと沸騰させます。

d) 暑さから削除；泡をすぐに取り除きます。ゼリーをすぐに熱く滅菌した缶詰瓶に上から 1/4 インチのところまで注ぎます。密封して沸騰水浴中で 5 分間処理します。

48. 液体ペクチン入りミントパイナップルジャム

材料：
- 20 オンス 1 缶の砕いたパイナップル 3/4 カップの水
- レモン汁 1/4 カップ
- 砂糖 7 1/2 カップ
- 液体ペクチン 1 本 ミントエキス 小さじ 1/2 緑色の着色料 数滴

手順：

a) 砕いたパイナップルをやかんに入れます。水、レモン汁、砂糖を加えます。よくかき混ぜ。

b) 強火にかけ、常にかき混ぜながら、表面全体に泡が立ちながらすぐに完全に沸騰します。絶えずかき混ぜながら、1 分間しっかりと沸騰させます。暑さから削除；ペクチン、フレーバーエキス、着色料を加えます。スキム。

c) すぐに熱い滅菌缶詰瓶に上から 1/4 インチのところまで注ぎます。密封して沸騰水浴中で 5 分間処理します。

49. 液体ペクチン入りミックスフルーツゼリー

材料：
- クランベリージュース 2 カップ
- マルメロジュース 2 カップ
- リンゴジュース 1 カップ
- 砂糖 7 1/2 カップ
- 液体ペクチン 1/2 ボトル

手順：

a) 果物を準備するため。完熟クランベリーを選別して洗います。水を加えて蓋をし、強火で沸騰させます。火を弱めて 20 分間煮ます。果汁を抽出します。

b) マルメロを選別して洗います。茎と花の端を取り除きます。削ったりコアを取り除いたりしないでください。非常に薄くスライスするか、小さく切ります。水を加えて蓋をし、強火で沸騰させます。火を弱めて 25 分間煮ます。果汁を抽出します。

c) リンゴを選別して洗います。茎と花の端を取り除きます。削ったりコアを取り除いたりしないでください。小さく切り分ける。水を加えて蓋をし、強火で沸騰させます。火を弱めて 20 分間煮ます。果汁を抽出します。

d) ゼリー作りに。ジュースを計ってケトルに入れます。砂糖を加えてかき混ぜます。強火にかけ、絶えずかき混ぜながら、すぐに完全に沸騰し、かき混ぜることはできません。

e) ペクチンを加えて完全に沸騰させます。1 分間しっかりと沸騰させます。

f) 暑さから削除；泡をすぐに取り除きます。ゼリーをすぐに熱く滅菌した缶詰瓶に上から 1/4 インチのところまで注ぎます。密封し、沸騰した湯の中で 5 分間処理します。

作るもの：8 オンスの瓶が 9〜10 個。

50. オレンジゼリー

作る量: ハーフパイント瓶 4 〜 5 個。

材料：
- 砂糖 3 1/4 カップ
- 水 1 カップ
- レモン汁 大さじ 3 液体ペクチン 1/2 ボトル
- 6 オンス缶（¾カップ）冷凍濃縮オレンジジュース 1 本

手順：
a) 砂糖を水に入れてかき混ぜます。強火にかけ、絶えずかき混ぜながら、すぐに完全に沸騰し、かき混ぜることはできません。

b) レモン汁を加えます。1 分間しっかりと沸騰させます。

c) 暑さから削除。ペクチンを加えてかき混ぜます。解凍した濃縮オレンジジュースを加えてよく混ぜます。

d) ゼリーをすぐに熱く滅菌した缶詰瓶に上から 1/4 インチのところまで注ぎます。密封し、沸騰した湯中で 5 分間処理します。

51. スパイスオレンジゼリー

作り方：ハーフパイント瓶 4 本。

材料：
- オレンジジュース 2 カップ
- レモン汁 1/3 カップ
- 水 2/3 カップ
- 粉末ペクチン 1 パッケージ
- オレンジの皮、みじん切り 大さじ 2
- オールスパイス丸ごと 小さじ 1
- クローブ丸ごと 小さじ 1/2
- シナモンスティック 4 本、長さ 2 インチ
- 砂糖 3 1/2 カップ

手順：
a) 大きめの鍋にオレンジジュース、レモン汁、水を入れて混ぜます。
b) ペクチンを加えてかき混ぜます。
c) オレンジの皮、オールスパイス、クローブ、シナモンスティックを清潔な白い布にゆったりと置き、紐で結び、フルーツミックスを加えます。
d) 強火にかけ、絶えずかき混ぜながら、すぐに完全に沸騰し、かき混ぜることはできません。
e) 砂糖を加えてかき混ぜ続け、再び完全に沸騰するまで加熱します。1 分間しっかりと沸騰させます。
f) 暑さから削除。スパイスの袋を取り出し、泡を素早く取り除きます。ゼリーをすぐに熱く滅菌した缶詰瓶に上から 1/4 インチのところまで注ぎます。密封し、沸騰した湯の中で 5 分間処理します。

52. オレンジジャム

材料：
- グレープフルーツの皮 3/4 カップ (グレープフルーツ 1/2)
- オレンジピール 3/4 カップ（オレンジ 1 個）
- レモンの皮 13/ カップ (レモン 1 個)
- 1 クォートの冷水
- グレープフルーツ 1 個分の果肉
- 中くらいの大きさのオレンジ 4 個分の果肉
- レモン汁 2 カップ
- 熱湯 2 カップ
- 砂糖 3 カップ

手順：

a) 果物を準備するため。果物を洗って皮をむきます。皮を薄い帯状に切ります。冷水を加え、蓋をした鍋で柔らかくなるまで煮ます（約 30 分）。ドレイン。

b) 皮をむいた果実から種と膜を取り除きます。果物を小さく切ります。

c) ジャムを作るため。皮と果実に熱湯を加えます。砂糖を加え、頻繁にかき混ぜながら、水の沸点より 9°F 高い温度まで急速に沸騰させます（約 20 分）。暑さから削除; スキム。

d) すぐに熱い滅菌缶詰瓶に上から 1/4 インチのところまで注ぎます。密封して沸騰水浴中で 5 分間処理します。

出来上がり量: 半パイント瓶 3 〜 4 個。

53. アプリコット オレンジ コンサーブ

材料：

- 水気を切ったみじん切りアプリコット 3 1/2 カップ
- オレンジジュース 1 1/2 カップ
- オレンジの皮 1/2 個、みじん切りにする
- レモン汁 大さじ 2
- 砂糖 3 1/4 カップ
- 刻んだナッツ 1/2 カップ

手順：

a) ドライアプリコットを準備します。アプリコットを蓋をせずに 3 カップの水で柔らかくなるまで調理します（約 20 分）。水を切ってみじん切りにする。

b) 節約するために。ナッツ以外の材料をすべて混ぜ合わせます。絶えずかき混ぜながら、水の沸点より 9°F 高い温度、またはとろみがつくまで煮ます。ナッツを加えます。よくかき混ぜ。暑さから削除；スキム。

c) すぐに熱い滅菌缶詰瓶に上から 1/4 インチのところまで注ぎます。密封し、沸騰水浴中で 5 分間処理します。

54. 粉末ペクチン入り桃ジャム

出来上がり量：ハーフパイント瓶約 6 本分。

材料：
- 砕いた桃 3 3/4 カップ
- レモン汁 1/2 カップ
- 粉末ペクチン 1 パッケージ
- 砂糖 5 カップ

手順：
a) 果物を準備するため。完熟した桃を選別して洗います。茎、皮、種を取り除きます。桃を砕きます。

b) ジャムを作るため。砕いた桃を計量してやかんに入れます。レモン汁とペクチンを加えます。よくかき混ぜ。強火にかけ、絶えずかき混ぜながら、表面全体に泡が立ちながらすぐに完全に沸騰します。

c) 砂糖を加えてかき混ぜ続け、再び完全に沸騰するまで加熱します。絶えずかき混ぜながら、1 分間しっかりと沸騰させます。暑さから削除；スキム。

d) すぐに熱い滅菌缶詰瓶に上から 1/4 インチのところまで注ぎます。密封し、沸騰水浴中で 5 分間処理します。

55. スパイス入りブルーベリーピーチジャム

作る量：半パイント瓶 6 〜 7 個。

材料：
- みじん切りまたはすり潰した桃 4 カップ
- ブルーベリー 4 カップ
- レモン汁 大さじ 2
- 水 1/2 カップ
- 砂糖 5 1/2 カップ
- 塩 小さじ 1/2
- シナモン 1 本
- クローブ丸ごと 小さじ 1/2
- ホールオールスパイス 小さじ 1/4

手順：
a) 果物を準備するため。完熟桃を選別して洗います。皮をむいて穴を取り除きます。桃を刻むか、すりつぶします。

b) 新鮮なブルーベリーを選別し、洗い、ヘタを取り除きます。

c) 冷凍ベリーを解凍します。

d) ジャムを作るため。果物を計ってやかんに入れます。レモン汁と水を加えます。蓋をして沸騰させ、時々混ぜながら 10 分間煮ます。

e) 砂糖と塩を加えます。よくかき混ぜ。チーズクロスで縛ったスパイスを加えます。絶えずかき混ぜながら、水の沸点より 9°F 高い温度まで、または混合物が濃くなるまで急速に沸騰させます。

f) すぐに熱い滅菌缶詰瓶に上から 1/4 インチのところまで注ぎます。密封し、沸騰水浴中で 5 分間処理します。

56. 液体ペクチン入りパイナップルジャム

作る量: ハーフパイント瓶 4 〜 5 個。

材料：
- 20 オンス缶の砕いたパイナップル 1 個
- レモン汁 大さじ 3
- 砂糖 3 1/4 カップ
- 液体ペクチン 1/2 ボトル

手順：
a) パイナップルとレモン汁をやかんに入れて混ぜます。砂糖を加えてよくかき混ぜます。強火にかけ、絶えずかき混ぜながら、表面全体に泡が立ちながらすぐに完全に沸騰します。

b) 絶えずかき混ぜながら、1 分間しっかりと沸騰させます。

c) 暑さから削除; ペクチンを混ぜます。スキム。

d) 5 分間放置します。

e) すぐに熱い滅菌缶詰瓶に上から 1/4 インチのところまで注ぎます。

f) 密封し、沸騰水浴中で 5 分間処理します。

57. 液体ペクチン入り梅ゼリー

出来上がり量：ハーフパイント瓶 7 ～ 8 個。

材料：
- 梅ジュース 4 カップ
- 砂糖 7 1/2 カップ
- 液体ペクチン 1/2 ボトル

手順：
a) ジュースを準備するため。完熟梅を選別して洗い、細かく切ります。皮を剥いたり穴を開けたりしないでください。果物を潰し、水を加えて蓋をし、強火で沸騰させます。火を弱めて 10 分間煮ます。果汁を抽出します。

b) ゼリー作りに。ジュースを計ってケトルに入れます。砂糖を加えてかき混ぜます。強火にかけ、絶えずかき混ぜながら、すぐに完全に沸騰し、かき混ぜることはできません。

c) ペクチンを加えます。再び完全に沸騰させます。1 分間しっかり沸騰させます。

d) 暑さから削除; 泡をすぐに取り除きます。ゼリーをすぐに熱く滅菌した缶詰瓶に上から 1/4 インチのところまで注ぎます。密封して沸騰水浴中で 5 分間処理します。

58. 粉末ペクチン入りイチゴジャム

材料：

- 砕いたイチゴ 5 1/2 カップ
- 粉末ペクチン 1 パッケージ
- 砂糖 8 カップ

手順：

a) 果物を準備するため。完熟イチゴを選別して洗います。ステムとキャップを再度取り外します。ベリーを砕きます。

b) ジャムを作るため。砕いたイチゴを計量してケトルに入れます。ペクチンを加えてよくかき混ぜます。強火にかけ、常にかき混ぜながら、表面全体に泡が立ちながらすぐに完全に沸騰します。

c) 砂糖を加えてかき混ぜ続け、再び完全に沸騰するまで加熱します。絶えずかき混ぜながら、1 分間しっかりと沸騰させます。暑さから削除; スキム。

d) すぐに熱い滅菌缶詰瓶に上から 1/4 インチのところまで注ぎます。密封し、沸騰水浴中で 5 分間処理します。

e) 作る量: ハーフパイント瓶 9 個または 10 個。

59. トゥッティ・フルッティ・ジャム

作る量：半パイント瓶 6 ～ 7 個。

材料：

- みじん切りまたはすり潰した梨 3 カップ
- 大きめのオレンジ 1 個
- 水気を切った砕いたパイナップル 3/4 カップ
- 刻んだマラスキーノチェリー 1/4 カップ
- レモン汁 1/4 カップ
- 粉末ペクチン 1 パッケージ
- 砂糖 5 カップ

手順：

a) 果物を準備するため。熟した梨を選別して洗います。パレとコア。梨を刻むか、すりつぶします。オレンジの皮をむき、種を取り除き、果肉を刻むか粉砕します。

b) ジャムを作るため。刻んだ梨を計量してやかんに入れます。オレンジ、パイナップル、チェリー、レモン汁を加えます。ペクチンを加えてかき混ぜます。

c) 強火にかけ、常にかき混ぜながら、表面全体に泡が立ちながらすぐに完全に沸騰します。

d) 砂糖を加えてかき混ぜ続け、再び完全に沸騰するまで加熱します。絶えずかき混ぜながら、1 分間しっかりと沸騰させます。暑さから削除; スキム。

e) すぐに熱い滅菌缶詰瓶に上から 1/4 インチのところまで注ぎます。密封し、沸騰水浴中で 5 分間処理します。

60. グレープ コンサーブ

原材料:
- 3 ポンドのブドウ
- 砂糖 3 ポンド
- 種付きレーズン 1 ポンド
- オレンジ 3 個
- くるみ肉 1/2 ポンド（みじん切り）

手順：

a) ブドウの皮を果肉から分離します。果肉を約 10 分間調理し、皮と混ぜる前に濾して種を取り除きます。

b) レーズンとオレンジをフードチョッパーに通します。ブドウに加えます。

c) 砂糖を加え、頻繁にかき混ぜながら約 45 分間ゆっくりと調理します。

d) 閉じる前に最初にクルミを追加します。小さな瓶に注ぎ、密封します。

ペクチンを含まないジャム

61. ペクチン無添加のブラックベリーゼリー

材料：

- ブラックベリージュース 8 カップ
- 砂糖 6 カップ

手順：

a) ジュースを準備するため。未熟な果実の 4 分の 1 と熟した果実の 4 分の 3 の割合を選択します。分別して洗ってください。茎やキャップを取り除きます。ベリーを砕き、水を加え、蓋をし、強火で沸騰させます。火を弱めて 5 分間煮ます。果汁を抽出します。

b) ゼリー作りに。ジュースを計ってケトルに入れます。砂糖を加えてよくかき混ぜます。水の沸点より 8°F 高い温度まで、またはゼリー混合物がスプーンからシート状に落ちるまで強火で沸騰させます。

c) 暑さから削除；泡をすぐに取り除きます。ゼリーをすぐに熱く滅菌した缶詰瓶に上から 1/4 インチのところまで注ぎます。密封し、沸騰した湯の中で 5 分間処理します。

62. ペクチン無添加のリンゴゼリー

材料：

- リンゴジュース 4 カップ
- 必要に応じて、濾したレモン汁 大さじ 2
- 砂糖 3 カップ

手順：

a) ジュースを準備するため。熟していないリンゴを 4 分の 1、完熟したタルトフルーツを 4 分の 3 の割合で使用します。

b) 選別し、洗って、茎と花の端を取り除きます。削ったりコアを取り除いたりしないでください。リンゴを小さく切ります。水を加えて蓋をし、強火で沸騰させます。火を弱め、20〜25 分間、またはリンゴが柔らかくなるまで煮ます。果汁を抽出します。

c) ゼリー作りに。リンゴジュースを計ってケトルに入れます。レモン汁と砂糖を加えてよく混ぜます。水の沸点より 8°F 高い温度まで、またはゼリー混合物がスプーンからシート状に落ちるまで強火で沸騰させます。

d) 暑さから削除; 泡をすぐに取り除きます。ゼリーをすぐに熱く滅菌した缶詰瓶に上から 1/4 インチのところまで注ぎます。密封して沸騰水浴中で 5 分間処理します。

63. ペクチン無添加のリンゴジャム

材料：

- 薄くスライスしたリンゴ 8 カップ
- オレンジ 1 個
- 水 1 と 1/2 カップ
- 砂糖 5 カップ
- レモン汁 大さじ 2

手順：

a) 果物を準備するため。タルトリンゴを選択。リンゴを洗い、皮をむき、四等分し、芯を取り除きます。薄くスライスします。オレンジを 4 等分し、種を取り除き、非常に薄くスライスします。

b) ジャムを作るため。水と砂糖を砂糖が溶けるまで加熱します。レモン汁とフルーツを加えます。絶えずかき混ぜながら、水の沸点より 9°F 高い温度まで、または混合物が濃くなるまで急速に沸騰させます。暑さから削除；スキム。

c) すぐに熱い滅菌缶詰瓶に上から 1/2 インチのところまで注ぎます。密閉。沸騰した湯浴中で 5 分間処理する。

64. ペクチン無添加マルメロゼリー

作る量: 8 オンスの瓶約 4 つ

材料：

- マルメロジュース 3 3/4 カップ
- レモン汁 1/3 カップ
- 砂糖 3 カップ

手順：

a) ジュースを準備するため。未熟なマルメロを約 4 分の 1、完熟した果実を 4 分の 3 という割合で選びます。選別し、洗い、茎と花の端を取り除きます。削ったりコアを取り除いたりしないでください。マルメロを非常に薄くスライスするか、小さく切ります。

b) 水を加えて蓋をし、強火で沸騰させます。火を弱めて 25 分間煮ます。果汁を抽出します。

c) ゼリー作りに。マルメロ果汁を計量してやかんに入れます。レモン汁と砂糖を加えます。よくかき混ぜ。水の沸点より 8°F 高い温度まで強火で沸騰させるか、スプーンからゼリー混合物がシート状になるまで沸騰させます。

d) 暑さから削除；泡をすぐに取り除きます。ゼリーを熱く滅菌した缶詰瓶に上から 1/4 インチのところまで注ぎます。密封し、沸騰した湯の中で 5 分間処理します。

フレッシュジャム

65. ピンクレモネードアサイージャム

出来上がり量：約 3/4 カップ

材料：
- アサイーピューレ 1 カップ
- 砂糖 1/4 カップ
- ピンクレモネード 大さじ 2
- ひとつまみの塩
- 粉末チアシード 大さじ 3

手順：
a) 小さな鍋にアサイー、砂糖、ピンクレモネード、塩ひとつまみを入れてかき混ぜます。
b) 沸騰させ、少しとろみがつくまで 10〜15 分間煮ます。
c) よく混ざるまでチアパウダーを加えてかき混ぜます。
d) 室温になるまで放置し、容器に移し、使用するまで冷蔵庫で冷やします。

66. ストロベリーラベンダージャム

作る：1 バッチ

材料：

- イチゴ 1 ポンド
- 砂糖 1 ポンド
- ラベンダーの茎 24 本
- レモン 2 個、果汁

手順：

a) イチゴを洗い、乾燥させ、皮をむきます。

b) ボウルに砂糖とラベンダーの茎 1 ダースを入れて重ね、涼しい場所に一晩置きます。

c) ラベンダーを捨て、ベリー混合物を非アルミニウムの鍋に入れます。

d) 残りのラベンダーの茎を結び、果実に加えます。

e) レモン汁を加えます。

f) 沸騰したら 25 分間煮ます。

g) 上部の泡をすくい取ります。ラベンダーを捨て、ジャムを煮沸消毒した瓶に注ぎます。密閉。

67. スイカズラシロップ

出来上がり量：1 食分

材料：

- 4 ポンドの新鮮なスイカズラの花びら
- 8 パイントの熱湯
- 砂糖

手順：

a) 花びらを水に 12 時間浸漬します。

b) 数時間放置します。

c) デカントして 2 倍量の砂糖を加えてシロップを作ります。

68. ルバーブ、バラ、イチゴのジャム

出来上がり：約 6 パイント

材料：

- ルバーブ 2 ポンド
- イチゴ 1 ポンド
- 香りの高いバラの花びら 1/2 ポンド
- 砂糖 1.5 ポンド
- 種を含むジューシーなレモン 4 個を取っておきます

手順：

a) ルバーブをスライスし、皮をむいたイチゴ全体と砂糖と一緒にボウルに重ねます。レモン汁を加えて蓋をし、一晩放置します。

b) ボウルの内容物を非反応性の鍋に注ぎます。モスリンバッグに縛ったレモンの種を加え、静かに沸騰させます。2 分間沸騰させ、鍋の中身をボウルに戻します。蓋をして涼しい場所にもう一度一晩放置します。

c) ルバーブとイチゴの混合物を鍋に戻します。

d) バラの花びらの根元から白い先端を取り除き、花びらを果物の間に押し込みながら鍋に加えます。

e) 沸騰させ、設定点に達するまで急速に沸騰させ、温かい滅菌済みの瓶に注ぎます。

f) シールして加工します。

69. アップルモスシロップ

製造数: 4

材料：
- ワイルドフラワーハニー 1/2 カップ
- 32 オンスのリンゴジュース
- シーモスジェル 大さじ 1
- ライムジュース半分

手順：

a) リンゴジュースを目の細かいストレーナーに通して、コンロの上の小さな鍋に注ぎます。ストーブの温度を中～高に設定します。

b) 蜂蜜を加えて混ざるまで混ぜる

c) 液体が飛び散らずに泡立つ程度にストーブの温度を調整します。

d) 残りの材料を加えてかき混ぜ続けます。

e) 液体が減り、内容物が濃縮されると、より低い温度に調整する必要がある場合があります。

f) 出発液体の 1/3～1/4 が残るまでコンロで調理します。

g) 粘稠度をテストするには、大さじ 1 ～ 3 杯を小さなガラスのボウルに入れ、冷凍庫に 30 秒から 1 分間入れます。

h) 爪楊枝または清潔な指を使用して液体に触れ、ゆっくりと指を持ち上げます。

i) あなたが求めているのは、できるだけ蜂蜜に近い粘稠度です。

j) 調理を放置するほど、粘稠度が高くなります。どれだけ薄くするか厚くするかはあなたが決めます

k) 液体が煮詰まり、希望の粘稠度になったら、ストーブの電源を切り、約 10 分間冷まします。液体はまだ非常に熱いですが、沸騰はしていません。

l) 液体を細かいメッシュのストレーナーで濾し、メイソンジャーに入れます。

m)　瓶に蓋をして冷まします。

70. シーモスアップルソース

製造数: 4

材料：
- 洗って皮をむいた有機リンゴ 10 個
- お好みのフレーバーティー 大さじ 2
- 水 2.5 カップ
- オプション: メープルシロップ

手順：

a) リンゴを粗く刻み、2 つのボウルに分けます。各ボウルには約 3.5 カップのリンゴが入ります。

b) 2.5 カップの水とポットあたり大さじ 2 杯のお茶を使用して、2 つのポットにお茶を淹れます。

c) お茶を濾し、液体をポットに戻し、弱火で火をつけます。

d) 粗く刻んだリンゴ 3 1/2 カップを各鍋に加えます。

e) リンゴが柔らかくなり、簡単に突き刺したり潰したりできるようになるまで煮ます。

f) リンゴが茹で上がったら火を強めて余分な水分を飛ばします。

g) ポット内のリンゴの数の 50％まで液体が減ったら、スティックブレンダーまたはブレンダーを使用してブレンドします。

h) リンゴソースはそのままでも甘いはずですが、収穫は毎回同じではないため、リンゴの助けが必要になる場合があります。この場合、満足するまでメープルシロップを少し加えてください。

i) スプーンですくうか、清潔な滅菌ガラス瓶に注ぎます。

j) 冷まします。

k) 冷めたら蓋をして冷蔵庫で保存します。

l) 召し上がるときは、準備しておいたシーモス大さじ 2 をアップルソースに入れ、混ぜてお召し上がりください。

71. アサイーチアジャム

出来上がり量：約 3/4 カップ

材料：
- アサイーピューレ
- 砂糖　1/4 カップ
- レモン汁　大さじ 2
- ひとつまみの塩
- 粉末チアシード　大さじ 3

手順：

a) 小さな鍋にアサイー、砂糖、レモン汁、塩ひとつまみを入れて混ぜます。沸騰させ、少しとろみがつくまで 10～15 分間煮ます。

b) よく混ざるまでチアパウダーを加えてかき混ぜます。室温になるまで放置し、容器に移し、使用するまで冷蔵庫で冷やします。

冷凍庫の詰まり

72. ストロベリーフリーザージャム

体重：3 ポンド

材料：

- 新鮮なイチゴ 600g（1/4 ポンド）
- キャスターシュガー 2 ポンド
- レモン汁 大さじ 3（50ml）
- 液体ペクチン 1/2 ボトル

手順：

a) 大きなボウルにイチゴを入れ、木のスプーンで潰します。

b) 砂糖を加えてかき混ぜ、砂糖が溶けるまで時々かき混ぜながら温かいキッチンに約 1 時間放置します。

c) 液体ペクチンを加えてよくかき混ぜます。

d) レモン汁を加え、2 分間かき混ぜ続けます。

e) お玉で小さな容器に移し、しっかりと蓋をします。暖かい場所に 48 時間放置してから冷凍します。

73. キウイジャム

材料：

- キウイフルーツ　1 1/4 ポンド（550g）
- 砂糖　2 ポンド（できればキャスター）
- 液体ペクチン　1/2 ボトル
- レモン汁　大さじ 2（30ml）

手順：

a) 果実は薄く皮をむき、ヘタの先の硬い部分を取り除きます。

b) 果物をよく砕き、砂糖と混ぜます。

c) 時々かき混ぜながら、暖かいキッチンに 1 時間放置します。

d) 液体ペクチンを加えてよく混ぜます。

e) レモン汁を加え、2 分間かき混ぜて完全に混ぜます。

f) 膨張の余地を残して、適切な小さな冷凍容器に移します。

g) フリーザーホイルまたはラップフィルムで覆います。

h) 暖かいキッチンに 24〜48 時間放置し、その後冷凍します。

74. ラズベリー/カシスジャム

体重：3 ポンド

材料：
- ラズベリーまたはブラックカラント　1 1/4 ポンド（600g）
- キャスターシュガー　2 ポンド
- レモン汁　大さじ 2 (30ml)　液体ペクチン　1/2 ボトル

手順：
a) ラズベリーを粉砕します。ブラックカラントを使用する場合は、パルス設定でリキダイザーに入れ、短時間で皮を砕きます。ボウルに砂糖を入れてよく混ぜます。

b) 砂糖が溶けるまで時々かき混ぜながら、温かいキッチンに約 1 時間放置します。

c) 液体ペクチンを加え、2 分間かき混ぜます。

d) レモン汁を加え、2 分間かき混ぜ続けます。

e) お玉で小さな容器に移し、しっかりと蓋をします。暖かい場所に 48 時間放置してから冷凍します。

伝統的なジャム

75. アップル＆ジンジャー

体重：5 ポンド

材料：
- 3 ポンドのクッキングアップル
- 砂糖 3 ポンド
- 水　1 1/2　パイント (850ml)
- 傷ついた根生姜　30g（モスリンバッグ入り）
- 結晶化生姜のみじん切り　55g（2 オンス）
- 液体ペクチン　1/2　ボトル

手順：

a) リンゴの皮をむき、芯を取り、水を鍋に入れて沸騰させ、10 分間煮て潰し、濾します。

b) リンゴをスライスし、濾した果汁と一緒に大きな鍋に入れ、生姜をぶら下げ、リンゴが柔らかくなるまで静かに煮ます。

c) 調理したリンゴに砂糖を加え、砂糖が溶けるまで時々かき混ぜながらゆっくり加熱します。

d) 結晶化した生姜を加え、完全に沸騰させ、2 分間急速に沸騰させます。

e) 火から下ろし、モスリンバッグを取り出し、液体ペクチンを加えてかき混ぜます。

f) 8 分間交互にかき混ぜ、すくい上げて冷却し、果物の浮き上がりを防ぎます。

g) いつもの方法で鍋と蓋をします。

76. アプリコットジャム

体重：5 ポンド

材料：

- アプリコット（熟したもの）　2 ポンド
- 砂糖 3 ポンド
- 液体ペクチン　1/2　ボトル

手順：

a) アプリコットを石を砕いて小さく切り、よく砕きます。皮を剥かないでください。

b) 果物を砂糖と一緒に鍋に入れ、時々かき混ぜながら砂糖が溶けるまで加熱します。

c) 素早く完全に沸騰させ、時々かき混ぜながら 1 分間急速に沸騰させます。

d) 火から下ろし、液体ペクチンを加えてかき混ぜます。

e) 通常の方法で上澄みを取り、鍋に入れ、蓋をします。

77. アップル＆ブラックベリージャム

体重：8 ポンド

材料：
- 準備済みのリンゴ 2 ポンド
- 砂糖 5 ポンド（2.3kg）
- 1 と 1/2 ポンド（700g）のブラックベリージュース、レモン 1 個分
- 液体ペクチン 1 ボトル

手順：

a) リンゴの芯を取り、皮をむき、小さく切り、1/4 パイントの水とともに大きな鍋に入れます。

b) 沸騰させて 15 分間煮ます。

c) ブラックベリーをよく砕き、別の鍋に大さじ 4（60ml）を入れます。

d) 水の。

e) 10〜15 分間煮ます。

f) ゼリー生地に入れて汁気を切ります。必要に応じて水を量り、加えて 1 パイント (570ml) を作ります。

g) リンゴの果肉に砂糖とレモン汁を加えます。

h) 砂糖が溶けるまでゆっくりと加熱し、絶えずかき混ぜます。

i) 完全に沸騰させて沸騰させます

j) 2 分。

k) 火から下ろし、液体ペクチンを加えてかき混ぜます。

l) 通常の方法で上澄みを取り、鍋に入れ、蓋をします。

78. 黒ぶどうとポートワインのジャム

体重：7 ポンド

材料：
- 黒ブドウ 4 ポンド (1.8 kg) 砂糖 4 1/2 ポンド (2.1 kg)
- レモン 1 個分の 1/4 パイントの水ジュース
- ポートワイン 大さじ 3（950ml）
- 液体ペクチン 1 ボトル

手順：
a) 完熟したブドウのみを使用し、果実を洗い、種を取り除きます。
b) 鍋に水を入れ、柔らかくなるまで煮ます（約 15 分）。
c) レモン汁と砂糖を加えます。
d) 完全に沸騰させ、5 分間急速に沸騰させます。
e) 火から下ろし、必要に応じて上澄みを取り除きます。液体ペクチンとポートワインを加えます。
f) 果実が浮かないように少し冷まします。
g) いつもの方法で鍋と蓋をします。

79. ブラックベリージャム

体重：5 ポンド

材料：
- 2 ポンドのベリー
- 砂糖 3 ポンド
- 液体ペクチン 1/2 ボトル

手順：
a) 完熟した果実のみを使用し、よく砕いてください。

b) 大きめの鍋に用意したフルーツと砂糖を入れてよく混ぜ、砂糖が溶けるまで軽く加熱します。

c) 完全に沸騰させ、最も熱い火で沸騰させます。

d) 沸騰前と沸騰中は常にかき混ぜてください。

e) 2 分間しっかりと沸騰させます。

f) 火から下ろし、液体ペクチンを加えてかき混ぜます。

g) わずか 5 分間、交互にすくい、かき混ぜます。

h) 果実が浮かないように少し冷ましてください。

i) いつもの方法で鍋と蓋をします。

80. カシスジャム

体重：5 ポンド

材料：
- カシス 2 ポンド
- 砂糖 3 1/4 ポンド
- 1/2 パイントの水
- 液体ペクチン 1/2 ボトル

手順：
a) 上部、尾部を取り除き、果物を洗います。
b) 果物をよく砕き、水と一緒に大きな鍋に入れ、沸騰させ、蓋をして 15 分間、または皮が柔らかくなるまで煮ます。
c) 砂糖を加えてよく混ぜ、砂糖が溶けるまで軽く加熱します。
d) 完全に沸騰させ、時々かき混ぜながら 1 分間急速に沸騰させます。
e) 火から下ろし、液体ペクチンを加えてかき混ぜます（必要に応じてすくい取ります）。
f) いつもの方法で鍋と蓋をします。

81. アプリコット＆パイナップルジャム缶

体重：5 ポンド

材料：
- アプリコット半分缶 15 オンス缶 2 個
- 砂糖 3 ポンド
- 16 オンスのパイナップルリング 2 個。
- レモン 1 個のジュース 液体ペクチン 1 ボトル

手順：

a) 果物の水を切り、パイナップルの輪とアプリコットを細かく刻みます。

b) 果物を鍋に入れ、砂糖とレモン汁を加えます。

c) 砂糖がすべて溶けるまでゆっくりと加熱し、常にかき混ぜます。

d) 完全に沸騰させ、2 分間しっかりと沸騰させます。

e) 火から下ろし、液体ペクチンを加えてかき混ぜます。

f) ジャムをすくってからかき混ぜます。少し冷まします。

g) 清潔な瓶に素早く注ぎ、通常の方法で密封して蓋をします。

82. チェリージャム

体重：5 ポンド

材料：
- 2.5 ポンドのストーンチェリー
- 砂糖 3 ポンド
- 1/4 パイントの水
- レモン汁 大さじ 3
- 液体ペクチン 1 ボトル

手順：
a) チェリーを水とレモン汁で蓋をした鍋で 15 分間煮ます。

b) 砂糖を加える前に、大きめの鍋に移します。

c) 砂糖を加え、砂糖が溶けるまで時々かき混ぜながら穏やかに加熱します。

d) 完全に沸騰させ、1〜2 分間急速に沸騰させます。

e) 液体ペクチンを加えてかき混ぜ、1 分間沸騰させ続けます。

f) 火から下ろし、必要に応じて上澄みを取り、少し冷まし、鍋に入れ、通常の方法で蓋をします。

83. ダムソン・ジャム

体重：5 ポンド

材料：
- 2.5 ポンドのフルーツ
- 3 1/4 ポンドの砂糖ジュース（レモン 1 個分）
- 1/2 パイントの水
- 液体ペクチン　1/2　ボトル

手順：
a) 果物を洗い、水と一緒に鍋に入れます。
b) 混合物が沸騰するまでかき混ぜます。
c) 蓋をして 15 分間煮ます。
d) 砂糖とレモン汁を加え、よく混ぜます。
e) 最も熱い火の上で完全に沸騰させます。
f) バターの小片を加えます。
g) 沸騰前と沸騰中は常にかき混ぜてください。
h) 1 分間しっかりと沸騰させます。
i) 火から下ろし、液体ペクチンを加えてかき混ぜます。
j) アクや石を取り除くためにすくい取ります。
k) 素早く注ぎ、蓋をします。

84. フレッシュイチジクジャム

体重：5 ポンド

材料：

- 熟したイチジク 2 ポンド
- 砂糖 3.5 ポンド
- レモン 2 個分のジュース
- 液体ペクチン 1 ボトル

手順：

a) 大きな保存鍋にイチジクを入れ、レモン汁 2 個、イチジク 2 ポンド、砂糖 3 1/2 ポンドを入れます。

b) よく混ぜて、砂糖が溶けるまでゆっくり加熱します。

c) 常にかき混ぜながら完全に沸騰させます。

d) 1 分間しっかりと沸騰させてから火から下ろし、液体ペクチンを加えてかき混ぜます。

e) 通常の方法で上澄みを取り、鍋に入れ、蓋をします。

85. ジンジャージャム

体重：5 ポンド

材料：

- 根生姜 1 ポンド
- 砂糖 3 ポンド
- レモン汁 大さじ 6
- 液体ペクチン 1 ボトル

手順：

a) 生姜の皮をむき、1/4 インチ（6mm）のサイコロ状に切ります。

b) 冷水を注ぎ、沸騰させ、5 分間煮て、水を切ります。

c) 新鮮な冷水を注ぎ、沸騰させて 5〜10 分間煮ます。よく水を切ります。

d) 非常に大きな鍋に移し、砂糖、14 オンス（400ml）の水、レモン汁を加えます。かき混ぜながら沸騰するまで加熱し、5 分間煮て、数時間または一晩放冷します。

e) 泡立ちを防ぐためにバターを少し加え、完全に沸騰させ、できるだけ速く 2 分間沸騰させます。火から下ろします。

f) 液体ペクチンを加えてかき混ぜます。時々かき混ぜながら、固まるまで 5 〜 10 分間冷まします。

g) 温めた瓶に注ぎ、通常通り蓋をします。

86. グースベリージャム

体重：5 ポンド

材料：
- グーズベリー 2 ポンド
- 砂糖 3 1/2 ポンド
- 1/4 パイントの水
- 液体ペクチン 1/2 ボトル

手順：

a) グーズベリーの上部、尾部を洗います。グーズベリーを水と一緒に鍋に入れ、沸騰させ、蓋をして 15 分間、または皮が柔らかくなるまで、時々かき混ぜながら煮ます。

b) 砂糖を加え、時々かき混ぜながら砂糖が溶けるまでゆっくり加熱します。

c) 素早く完全に沸騰させ、時々かき混ぜながら 2 分間急速に沸騰させます。

d) 火から下ろし、液体ペクチンを加えてかき混ぜます（必要に応じてすくい取ります）。

e) 少し冷ましてから鍋に入れ、通常の方法で蓋をします。

87. キウイジャム

体重：5 ポンド

材料：
- 2 ポンドのキウイフルーツ
- 砂糖 3 1/2 ポンド
- 液体ペクチン 1/2 ボトル

手順：

a) 果実の皮を薄く剥き、ヘタの先の硬い部分を取り除きます。

b) 果物をよく砕き、砂糖と混ぜます。

c) 大きめの鍋に移し、砂糖がすべて溶けるまで軽く加熱します。

d) 沸騰するまで急速に加熱し、2 分間沸騰させます（完全に沸騰させます）。

e) 火から下ろし、液体ペクチンを加えてよく混ぜます。

f) 2〜3 分冷ましてから、通常の方法でポットに詰めます。

88. マロー&ジンジャージャム

体重：5 ポンド

材料：
- 1 骨髄
- 砂糖 3 1/4 ポンド
- 水 大さじ 4
- レモン果汁 1 個分
- 傷ついた根生姜 2 オンス
- みじん切り結晶化ジンジャー 4 オンス
- 液体ペクチン 1 ボトル

手順：

a) 骨の部分と種を除いて皮をむき、細かく切ります。

b) 骨髄を水の入った鍋に入れ、蓋をして 20 分間煮ます。

c) 根生姜をモスリンバッグに入れ、砂糖、調理した骨髄、刻んだ結晶生姜、レモン汁と一緒に鍋に入れます。よく混ぜ、砂糖が溶けるまで時々かき混ぜながら穏やかに加熱します。

d) 完全に沸騰させて 2 分間沸騰させます。

e) 火から下ろし、モスリンバッグを取り出し、液体ペクチンを加えてかき混ぜます。

f) 果実が浮かないように冷ましてください。いつもの方法で鍋と蓋をします。

89. ミックスフルーツジャム

体重：5 ポンド

材料：

- 乾燥桃 1/2 ポンド (225g)
- 砂糖 4 ポンド（1.7kg）
- 水 1/2 パイント (285ml)
- 梨 1/2 ポンド (225g)
- リンゴ 1 と 1/2 ポンド (700g)
- 水 1/8 パイント (75ml)
- 液体ペクチン 1/2 ボトル

手順：

a) 乾燥桃を水に 4 時間以上浸します。
b) リンゴと梨は皮をむいて芯を取り、スライスします。鍋に桃と水を入れます。
c) 蓋をして柔らかくなるまでじっくり煮ます（約 15 分）。
d) 砂糖を加え、溶けるまでかき混ぜます。
e) 完全に沸騰させ、2 分間しっかりと沸騰させます。
f) 火から下ろし、液体ペクチンを加えてかき混ぜます。
g) 必要に応じてスキミングします。いつもの方法で鍋と蓋をします。

90. 桃のジャム

体重：5 ポンド

材料：

- 桃 2 1/4 ポンド（1kg）
- 砂糖 3 1/4 ポンド
- 液体ペクチン 1 ボトル

手順：

a) 桃の皮をむき、石を取り、果肉を刻みます。

b) 果物に風味や酸味が足りない場合は、レモン 1 個分の果汁を加えてください。

c) 大きな鍋に砂糖と準備したフルーツを入れ、砂糖が溶けるまで軽く加熱します。

d) 完全に沸騰させ、1 分間しっかりと沸騰させます。

e) 火から下ろし、液体ペクチンを加えてかき混ぜます。

f) 通常の方法で上澄みを取り、鍋に入れ、蓋をします。

91. 洋梨と生姜のジャム

体重：5 ポンド

材料：

- 調理用梨 3 ポンド
- 砂糖 3 1/4 ポンド
- 水 1/2 パイント
- レモン 2 個分のジュース
- レモンの皮のすりおろし 1 個
- 生姜 小さじ 1 杯
- 結晶化ジンジャー 2 オンス（サイコロ状に切る）
- 液体ペクチン 1 ボトル

手順：

a) 梨を水で柔らかくなるまで茹でます。

b) 2 砂糖、レモン汁、皮、生姜を加え、砂糖が溶けるまで弱火でかき混ぜます。

c) 沸騰させて 2 分間急速に沸騰させます。

d) 火から下ろし、液体ペクチンを加えてかき混ぜます。

e) さらに 1 分間煮ます。

f) 10〜15 分間冷まします。

g) いつもの方法で鍋と蓋をします。

92. パイナップルジャム

体重：4 ポンド

材料：
- 調理済みパイナップル 0.7kg (1 1/2 ポンド)
- 砂糖 3 ポンド
- 水 1 パイント (300 ml)
- レモン 1 個
- 液体ペクチン 1 ボトル

手順：

a) 果物を準備し、よく砕いて大きな鍋に入れます。

b) 水を加えてゆっくり加熱し、柔らかくなるまで約 30 分煮ます。

c) 砂糖とレモン 1 個分の果汁を加えてよく混ぜ、時々かき混ぜながら砂糖が溶けるまでゆっくり加熱します。

d) 完全に沸騰させ、2 分間急速に沸騰させます。

e) 火から下ろし、液体ペクチンを加え、果物が浮くのを防ぐために 20 分間冷まします。

f) 通常の方法で上澄みを取り、鍋に入れ、蓋をします。

93. プラムジャム

体重：10 ポンド

材料：

- 5 ポンド（2.3kg）のプラム
- 砂糖 6 1/2 ポンド（3kg）
- 1/2 パイントの水
- 液体ペクチン 1/2 ボトル

手順：

a) 梅を洗い、必要なだけ石を取り除き、細かく切ります。

b) 大きめの鍋にフルーツと水を入れます。

c) 絶えずかき混ぜながら沸騰させます。

d) 蓋をして 15 分間煮ます。

e) 砂糖を加え、砂糖が溶けるまでゆっくりと加熱し、絶えずかき混ぜてから完全に沸騰させます。

f) 時々かき混ぜながら 2 分間しっかりと沸騰させ、その後火から下ろし、液体ペクチンを加えてかき混ぜます。

g) 必要に応じて上澄みを取り、通常の方法で鍋に入れ、蓋をします。

94. マルメロジャム

体重：4.5 ポンド

材料：

- 3 ポンドのマルメロ
- 砂糖 3 ポンド
- レモン 1 個
- 液体ペクチン 1/2 ボトル

手順：

a) マルメロの皮をむき、芯を取り除きます（完熟した果実を使用してください）。できるだけ細かく刻みます。

b) 1/2 パイント (240 ml) の水とレモン 1 個分の果汁を加えます。

c) 沸騰したら蓋をして 15 分ほど煮ます。

d) 砂糖と準備したフルーツ 2 1/2 ポンド (1.1 kg) を計って大きな保存皿に入れ、よく混ぜます。砂糖が溶けるまでゆっくり加熱します。

e) 完全に沸騰させます。沸騰前と沸騰中は常にかき混ぜてください。

f) 1 分間しっかりと沸騰させます。

g) 火から下ろし、液体ペクチンを加えてかき混ぜます。

h) 通常の方法で上澄みを取り、鍋に入れ、蓋をします。

95. ローガンベリーまたはテイベリージャム

体重：7 ポンド

材料：
- 4 ポンド（1.8kg）の果物
- 砂糖 5 1/2 ポンド（2.5kg）
- 液体ペクチン 1 ボトル

手順：
a) ベリーを砕き、砂糖と一緒に鍋に入れます。

b) 砂糖が溶けるまで時々かき混ぜながら穏やかに加熱します。

c) 素早く完全に沸騰させ、時々かき混ぜながら 2 分間急速に沸騰させます。

d) 火から下ろし、液体ペクチンを加えてかき混ぜます。必要に応じてスキミングします。

e) 果実が浮かないように冷ましてください。いつもの方法で鍋と蓋をします。

96. ラズベリージャム

体重：8 ポンド

材料：
- ラズベリー 4 ポンド（1.8kg）
- 砂糖 5 1/2 ポンド（2.5kg）
- 液体ペクチン 1 ボトル

手順：
a) ベリーを砕き、砂糖と一緒に鍋に入れます。

b) 砂糖が溶けるまで時々かき混ぜながら穏やかに加熱します。

c) 素早く完全に沸騰させ、時々かき混ぜながら 2 分間急速に沸騰させます。

d) 火から下ろし、液体ペクチンを加えてかき混ぜます。必要に応じてスキミングします。

e) 果実が浮かないように冷ましてください。いつもの方法で鍋と蓋をします。

97. ルバーブとジンジャーのジャム

体重：5 ポンド

材料：

- 3 ポンドの下処理済みルバーブ
- 砂糖 3 ポンド
- 1/4 パイントの水
- 傷ついた根生姜 30g（1 オンス）
- 液体ペクチン 1 ボトル

手順：

a) ルバーブは皮をむかずに細かくスライスします。

b) 大きな鍋に砂糖を量り、3 ポンドの準備したルバーブと水を加えます。

c) 傷ついた根生姜 1 オンスをモスリンバッグに入れて加えます。

d) よく混ぜて、すぐに完全に沸騰させます。

e) 3 分間しっかりと沸騰させます。火から下ろし、液体ペクチンを加えてかき混ぜます。

f) 根生姜をモスリンバッグから取り出します。

g) 上澄みを取り、鍋に蓋をします。

98. イチゴジャム

体重：5 ポンド

材料：
- イチゴ 2 1/4 ポンド（1kg）
- 砂糖 3 ポンド
- レモン汁 大さじ 3
- 液体ペクチン 1/2 ボトル

手順：
a) 果物を準備し、よく砕き、砂糖とレモン汁と一緒に鍋に入れます。

b) 時々かき混ぜながら、砂糖が溶けるまでゆっくりと加熱します。バターまたはマーガリンを少し加えます。

c) 完全に沸騰させ、2 分間急速に沸騰させます。

d) 火から下ろし、液体ペクチンを加え、果物が浮くのを防ぐために 20 分間冷まします。

e) 通常の方法で上澄みを取り、鍋に入れ、蓋をします。

99. いちごジャム（ホール）

体重：5 ポンド

材料：

- イチゴ 2 1/4 ポンド (1 kg) 小
- 砂糖 3 ポンド（1.4g）
- 大さじ 3（50ml）
- レモン汁（大きめのレモン 1 個）
- 液体ペクチン 1/2 ボトル

手順：

a) 果物を準備し、レモン汁と砂糖と一緒に鍋に入れます。

b) 時々かき混ぜながら 1 時間放置します。

c) 時々かき混ぜながら、砂糖が溶けるまでゆっくりと加熱します。

d) バターまたはマーガリンを少し加えます。

e) 完全に沸騰させ、2 分間急速に沸騰させます。

f) 火から下ろし、液体ペクチンを加え、果物が浮くのを防ぐために 20 分間冷まします。

g) 通常の方法で上澄みを取り、鍋に入れ、蓋をします。

100. いちごとルバーブのジャム

体重：5 ポンド

材料：
- ルバーブ 1 ポンド
- イチゴ 1 ポンド
- 砂糖 3 1/4 ポンド（1.7kg）
- 水 1/4 パイント
- 重炭酸ソーダ 小さじ 1 杯
- 液体ペクチン 1/2 ボトル

手順：

a) ルバーブは洗って細かく切ります。皮を剥かないでください。

b) イチゴをしっかりと潰します。

c) 果物を水と一緒に鍋に入れ、絶えずかき混ぜながら沸騰させます。蓋をして 15 分間煮ます。

d) 調理済みのフルーツ 2 パイント (1130 ml) を大きな鍋に量り、必要に応じて水を加えます。

e) 砂糖を加え、時々かき混ぜながら砂糖が溶けるまでゆっくり加熱します。

f) 完全に沸騰させ、2 分間急速に沸騰させます。

g) 火から下ろし、液体ペクチンを加えてかき混ぜます。

h) 5 分間交互にかき混ぜたり、すくい上げたりして、冷却し、果物が浮くのを防ぎます。

i) いつもの方法で鍋と蓋をします。

結論

追加のコンテキストを提供していただきありがとうございます。100個のレシピが掲載されているジャムクックブックの最後のページの、より長い結論は次のとおりです。

自家製ジャムを作るための包括的なガイドである「究極のジャム料理本」の最終ページに到達したことをおめでとうございます。あなたが私たちと一緒にこのジャム作りの旅に乗り出すことに決めてくれたことをとてもうれしく思います。また、この本に収録されているたくさんのおいしいレシピを楽しんでいただけたことを願っています。

これまで見てきたように、自分でジャムを作ることはやりがいがあり、満足のいく経験になります。新鮮な季節のフルーツを一年中楽しめるスプレッドに変えるのは特別なことです。イチゴやラズベリーなどの古典的なフレーバーをパントリーにストックしたいと考えている場合でも、ブルーベリーとラベンダーやイチジクとバルサミコなどのよりユニークな組み合わせを試してみたいと考えている場合でも、この本のレシピはジャム作りの目標を達成するのに役立ちます。。

ジャムクックブック全体を通して、私たちはジャムに対する私たちの情熱を共有し、毎回完璧な結果を達成するのに役立つ段階的な手順を提供してきました。適切な果物の選択からゼリー化の技術の習得まで、自宅のキッチンでおいしい高品質のジャムを作るために知っておくべきことをすべて網羅しました。

しかし、この本がレシピやテクニックを提供するだけでなく、ジャム作りに創造性を発揮するきっかけにもなれば幸いです。フレーバーの組み合わせに関するヒントも記載しており、さまざまなフルーツ、ハーブ、スパイスを試して独自のユニークな

ブレンドを作成することをお勧めします。ピーチジャムにウイスキーを少し加えたり、イチゴのジャムにバジルを注入したりする場合でも、フレーバーの組み合わせの可能性は無限です。

ジャム作りの旅を進めるにあたり、そのプロセスを楽しんで楽しんでいただくことをお勧めします。ジャム作りは、季節を感じさせ、大地の恵みを祝い、自分の労働の成果を他の人と分かち合う素晴らしい方法です。この本がこれらすべてのことを行うのに役立ち、あなたが学んだレシピとテクニックが今後数年間で役立つことを願っています。

自家製ジャムのガイドとして『究極のジャム料理本』をお選びいただきありがとうございます。あなたがキッチンで幸せな時間を過ごし、たくさんのおいしいジャムの瓶を愛する人たちと共有できることを願っています。楽しいジャム作りを！

Ingram Content Group UK Ltd.
Milton Keynes UK
UKHW020625210623
423802UK00010B/64